Basiswissen

Politik / Geschichte / Ökonomie

Volker Hermsdorf

Die Kubanische Revolution

PapyRossa Verlag

Eine Übersicht aller Titel der PapyRossa-Reihe
Basiswissen Politik / Geschichte / Ökonomie
finden Sie unter shop.papyrossa.de/basiswissen

3., aktualisierte und erweiterte Auflage 2018
2., durchgesehene Auflage 2017
1. Auflage 2015

Luxemburger Str. 202, D-50937 Köln

Tel.: +49 (0) 221 – 44 85 45
Fax: +49 (0) 221 – 44 43 05
E-Mail: mail@papyrossa.de
Internet: www.papyrossa.de

Druck: Interpress

Die Deutsche Bibliothek verzeichnet diese Publikation in der Deutschen Nationalbibliografie; detaillierte bibliografische Daten sind im Internet über http://dnb.d-nb.de abrufbar

ISBN 978-3-89438-596-5

Inhalt

Vorwort zur dritten Auflage

Die Kubanische Revolution war 60 Jahre lang untrennbar mit den Namen ihrer – neben Che Guevara – bekanntesten Anführer, der Brüder Fidel und Raúl Castro verbunden. Mit dem Tod des »Comandante en Jefe« am 25. November 2016 und Raúl Castros Verzicht auf eine weitere Kandidatur für das Amt des Staats- und Regierungschefs bei der Präsidentenwahl am 18./19. April 2018 gehört dieses Kapitel der Geschichte an. Während die Castro-Brüder selbst stets jeden Kult um ihre Person ablehnten, griffen ihre Kontrahenten häufig zur Methode der persönlichen Dämonisierung. Die Kubanische Revolution wurde von ihren Gegnern als Werk eines skrupellosen Caudillo und dessen machtbesessener Familie dargestellt. Wer dieser interessengesteuerten Betrachtungsweise folgt, verschließt sich ihrem Verständnis. Dennoch setzten Kritiker der Kubanischen Revolution, wie die nach ihrem Sieg aus dem Land geflüchteten Anhänger und Günstlinge des Diktators Fulgencio Batista, aber auch die Regierungen von bisher 12 US-Präsidenten, in ihrer Propaganda und ihren Umsturzplänen darauf, dass mit den Castros auch deren Ziele verschwinden würden. Doch Fidel Castro überlebte über 600 – meist von der CIA organisierte – Mordanschläge ohne einen Kratzer davonzutragen. Auch die offizielle US-Politik jenseits der staatlichen Mord- und Folteragentur CIA war von der Obsession bestimmt, die Castros loszuwerden.

Das von William Clinton am 12. März 1996 unterzeichnete Helms-Burton-Gesetz[1] zur Verschärfung der seit Februar 1962 verhängten Wirtschafts-, Handels- und Finanzblockade macht sogar zur Bedingung für deren Aufhebung, dass »weder Fidel nach

1 Cuban Liberty and Democratic Solidarity (Libertad) Act of 1996

Raúl Castro« ein Regierungsamt bekleiden (Sec. 205, Abs. 7). Ein im Internationalen Recht vermutlich einmaliger Fall von Einmischung in die Angelegenheiten eines anderen Landes.

Während Gegner der sozialistischen Entwicklung jetzt auf das Scheitern des alternativen Gesellschaftsprojekts hoffen, findet in Kuba ein bislang nie erlebter Generationenwechsel statt. Die noch lebenden Mitglieder der einstigen Rebellenarmee, die von der Sierra Maestra aus das Land befreiten, ziehen sich aus fast allen Leitungsfunktionen zurück. Nach dem Verzicht auf die Position des Staats- und Regierungschefs bleibt Raúl Castro noch für einige Zeit Erster Sekretär des Zentralkomitees der Kommunistischen Partei, bis er auch dieses Amt an einen Jüngeren abgibt. Die jungen Nachfolger, besser ausgebildet als es je eine Generation in Kuba war, werden das Land gestalten und verändern. Zu ihnen gehören Mediziner, die als Freiwillige in Haiti gegen die Cholera- und in Westafrika gegen die Ebola-Epidemie kämpften. Es sind Biochemiker und Pharmazeuten, deren Arbeit – international anerkannt – dem höchstem Weltniveau entspricht. Da die Abgeordneten des Parlaments in Kuba keine Berufspolitiker sind, finden sich unter denen, die das Land künftig führen, auch qualifizierte Informatiker und engagierte Journalisten, Sportler und Musiker, Regisseure und Schriftsteller, Pädagogen und natürlich Vertreter/innen aus den Reihen der Arbeiter und Bauern, die nach wie vor das Fundament der Revolution bilden. In diesem Prozess geht es um die Erneuerung eines Systems, das den Menschen in Kuba zum ersten Mal in ihrer Geschichte Unabhängigkeit, Souveränität sowie ein Ausmaß an sozialer Gerechtigkeit und gesellschaftlicher Teilhabe gebracht hat, das nirgendwo sonst in der Region erreicht wurde.

In einer für Nordeuropäer etwas pathetisch wirkenden Art haben zigtausende Kubanerinnen und Kubaner nach dem Tod des Revolutionsführers mit dem Satz »Yo soy Fidel« (Ich bin Fidel) zum Ausdruck gebracht, dass sie dessen Vision von einer anderen Welt weiterhin gestalten wollen.

Vorwort zur ersten Auflage

Die Kubanische Revolution hat ihre Wurzeln im Aufstand von Häuptling Hatuey gegen die spanischen Eroberer, im Freiheitskampf der aus Afrika verschleppten Sklaven, in dem vom »Vater des Vaterlandes«, Carlos Manuel Céspedes, angeführten, aber noch gescheiterten zehnjährigen Befreiungskampf und in dem Unabhängigkeitskrieg des vor dem US-Imperialismus warnenden Nationaldenkers José Martí. Dies ist die Basis für die Auseinandersetzungen der folgenden Jahrzehnte: die Streiks der Arbeiter, die Aufstände der Zuckerrohrschläger und Bauern, die Proteste der Studenten und des städtischen Kleinbürgertums, die schließlich zur Formierung der Guerilla unter Fidel und Raúl Castro, Camilo Cienfuegos, Che Guevara und anderer »Comandantes« bis zum Sieg der Revolution am 1. Januar 1959 führten.

Nach kubanischem Selbstverständnis ist die Revolution kein einmaliger Akt, sondern ein sich ständig verändernder Lernprozess, der bis heute andauert und weitergeht. In Kuba wird derzeit bei vielen Anlässen an eine Rede Fidel Castros vom 1. Mai 2000 erinnert, in der dieser den Begriff der Revolution wie folgt definierte:

> Revolution
> bedeutet, Gespür für den geschichtlichen Augenblick zu haben;
> bedeutet, alles zu ändern, was zu ändern ist;
> bedeutet Gleichheit und vollkommene Freiheit;
> bedeutet, selbst wie ein Mensch behandelt zu werden und andere so zu behandeln;
> bedeutet, uns aus eigener Kraft selbst zu befreien;
> bedeutet, mächtige herrschende Kräfte herauszufordern, innerhalb und außerhalb unseres gesellschaftlichen und nationalen Rahmens;

> bedeutet, Werte, von denen man überzeugt ist, um jeden Preis zu verteidigen;
> bedeutet Bescheidenheit, Uneigennützigkeit, Altruismus, Solidarität und Heroismus;
> bedeutet, mit Kühnheit, Intelligenz und Gespür für die Realität zu kämpfen;
> bedeutet, weder jemals zu lügen noch ethische Grundsätze zu verletzen;
> bedeutet, zutiefst überzeugt zu sein, dass auf der Welt keine Macht existiert, die die Kraft der Wahrheit und der Ideen aufhalten könnte.
> Revolution bedeutet Einheit, bedeutet Unabhängigkeit, bedeutet, für unseren eigenen Traum von Gerechtigkeit für Kuba und die Welt zu kämpfen, welcher zugleich die Grundlage unseres Patriotismus, unseres Sozialismus und unseres Internationalismus ist.

Revolution steht in Kuba zunächst für den Jahrhunderte währenden Kampf um Souveränität und Unabhängigkeit des Landes und die Würde seiner Bewohner. Als mit der Bombardierung kubanischer Flughäfen und der bevorstehenden Invasion in der Schweinebucht durch von den USA unterstützte Söldner deutlich wurde, dass diese Ziele innerhalb der bestehenden Ordnung nicht zu erreichen waren, erklärte Fidel Castro die Kubanische Revolution am 16. April 1961 zu einem sozialistischen Prozess. Die einstige Kolonie, das ehemalige Bordell im Hinterhof der USA, war zu einem Faktor der Weltpolitik geworden.

Seitdem hat Kuba wie kein anderes Land der Region die Entwicklung Lateinamerikas beeinflusst. Sein alternatives Gesellschaftsmodell ist darüber hinaus auch Vorbild für viele Länder des Südens und gilt als Beleg dafür, dass eine andere Welt möglich ist. Mehr als 50 Jahre lang versuchten die Vereinigten Staaten und ihre Verbündeten, die Kubanische Revolution mit Gewalt und Bomben, mit Invasion und Terror und einer seit 1962 aufrecht erhaltenen Wirtschaftsblockade vergeblich in die Knie zu zwingen. Doch am 17. Dezember 2014 musste US-Präsident Barack Obama eingestehen, dass die bisherige Kubapolitik seines Landes gescheitert ist. Nach der erfolgreichen Revolution von 1959 und der Zurückschlagung der Invasoren in der Schweinebucht war dies der dritte herausragende Sieg Davids über Goliath.

Die damit eingeleitete neue Ära der Beziehungen führt innerhalb und außerhalb Kubas zu Hoffnungen, aber auch Befürchtungen. Trotz scheinbarer Entspannung sind die Systemwidersprüche nicht aufgehoben. Die Auseinandersetzung zwischen dem von den USA und der EU vertretenen Gesellschaftsmodell auf der einen und dem Kubas auf der anderen Seite, der Kampf zwischen Imperialismus und Sozialismus, ist in eine neue Phase eingetreten. Während westliche Leitmedien über den baldigen Einzug des Kapitalismus in Kuba spekulieren und den Eindruck erwecken, als hätte Havanna und nicht Washington den Bankrott seiner bisherigen Politik erklärt, vertritt der Autor eine andere Position: Die Kurskorrektur Obamas ist kein Beleg für die Schwäche, sondern für die Stärke des kubanischen Modells, das in Lateinamerika und der Welt weiterhin zu Recht als Alternative zur Hegemonie sowie zu den Krisen und Kriegen des Westens betrachtet wird. Wer Kubas gegenwärtige und künftige Rolle in Lateinamerika und der Welt verstehen will, muss sich mit der Geschichte und den Zielen seiner Revolution beschäftigen.

Ausgehend von deren Wurzeln beschreibt der vorliegende Band ihre verschiedenen Etappen, die Erfolge, Niederlagen und Schwierigkeiten bis in die Gegenwart. Umfang und Verständlichkeit erforderten eine Reduzierung auf die wichtigsten Ereignisse.

Die Verwendung des historischen Präsens erfolgt, weil der Autor sich in erster Linie nicht als Historiker, sondern als politischer Journalist versteht, der seit Jahren tagesaktuell aus und über Kuba berichtet.

1.
Fremde Stiefel in Kubas Sand

Nach einer Nacht mit heftigen Regenfällen halten die Karavellen Pinta, Niña und Santa María von den Bahamas kommend bei Sonnenaufgang des 28. Oktober 1492 auf eine Küste zu, die den Seeleuten den Atem verschlägt. »Ich habe niemals zuvor etwas derart Schönes gesehen«, notiert Generalkapitän Christoph Kolumbus im Logbuch der unter seinem Kommando segelnden Santa María. Überschwänglich beschreibt der Admiral Landschaften, Flora und Fauna der Insel, die er für einen Teil des sagenumwobenen Cipangu hält, wie Japan in Europa während des Mittelalters genannt wird. Kolumbus hat einen Reisebericht Marco Polos an Bord, in dem dieser knapp 200 Jahre zuvor geschrieben hatte: »Die Bewohner Cipangus besitzen Gold in Hülle und Fülle, und die Minen, in denen sie es gewinnen, sind unerschöpflich.« Tatsächlich sind die Entdecker und späteren Eroberer aus Spanien jedoch nicht in Japan, sondern auf Kuba gelandet. Trotz des Irrtums ist dem erfahrenen Seemann Kolumbus schon vor seiner ersten Landung die zentrale Lage der Insel im Antillenmeer aufgefallen und er nennt sie später »la llave del Nuevo Mundo«, den »Schlüssel zur Neuen Welt«. Sie ist Teil des Doppelkontinents und der Karibik, der im europäischen Sprachgebrauch noch bis heute so bezeichnet wird.

Für die rund 200.000 indianischen Ureinwohner[1] von den Völkern der Taíno und der Ciboney stimmte diese Sicht auf ihre alte und einzige Erde nie. Trotzdem hält sich die Bezeichnung »Neue Welt« hartnäckig. Mehr noch. Die wahre Geschichte Kubas beginnt nach hiesiger Sicht erst mit der Landung der europäischen Seefahrer, die sich nicht nur als Entdecker erweisen. Schon nach wenigen Tagen haben sie erkannt, dass die fried-

1 In einigen Schätzungen werden bis zu 500.000 angegeben.

lichen Bewohner »ohne Waffen und ohne Herrschaft« sind und die »fruchtbare Insel mit ihrem Reichtum an Fisch, essbaren Pflanzen und Knollen sowie würzigen Kräutern« ein geradezu paradiesisches Leben ermöglicht. Doch der Kapitän aus Genua ist von seinen spanischen Geldgebern nicht auf die Reise geschickt worden, um Berichte über beeindruckende Landschaften und Beschreibungen über das Leben der dortigen Anwohner zu liefern. Er weiß, dass die königlichen Finanzreserven in Spanien durch die Reconquista[2] erschöpft sind. 1492 ist das Jahr der Wiedereroberung Granadas, des letzten Bollwerks der Araber auf spanischem Boden. Spanien und Europa brauchen dringend Gold, Silber und andere kostbare Güter. Kolumbus' Logbuch offenbart, dass die Interessen der Europäer von Anfang an auf Ausplünderung, Ausbeutung und Unterwerfung angelegt sind. Nur einen Monat, nachdem sich die spanischen Stiefel zum ersten Mal in den Sand Kubas gebohrt hatten (vgl. Galeano, S. 20), schreibt Kolumbus: »Ich brauche nicht zu beschreiben, wie groß der Nutzen dieses Landes sein wird. Es ist gewiss, ihr Gebieter und Fürsten, dass es dort … eine Unmenge einträglicher Güter geben muss.« Während er die Freigiebigkeit der Ureinwohner zunächst noch mit den Worten lobt »Was immer man von ihnen erbittet, sie sagen nie nein, sondern fordern einen ausdrücklich auf, es anzunehmen, und zeigen dabei so viel Liebenswürdigkeit, als würden sie einem ihr Herz schenken«, lässt der Entdecker bereits wenige Wochen später die wahren Absichten seiner Mission erkennen: »Ich versichere meinen Herrschern, dass zehn Männer zehntausend Indianer in die Flucht schlagen können.« Damit beginnt auf Kuba die Jahrhunderte lang dauernde Demütigung der Völker Lateinamerikas und der Karibik.

---

2 Der Begriff bezeichnet die von 718 bis 1492 dauernde christliche »Rückeroberung« der von muslimischen Eroberern beherrschten Iberischen Halbinsel.

Zwischen Paradies und Hölle

Obwohl die erhofften Mengen Gold dort nicht zu finden sind und die spanischen Eroberer sich vorerst auf die Ausplünderung anderer Gebiete in der Region konzentrieren, bleibt auch Kuba nicht von der Conquista verschont. Nach knapp 20 Jahren sind die Goldvorräte der benachbarten Insel Hispaniola (Haiti) erschöpft. Der Eroberer und spätere Gouverneur Kubas, Diego Velázquez, sticht deshalb mit 300 Soldaten in See, um sich im Namen der Krone der westlich gelegenen »Perle der Neuen Welt« zu bemächtigten. Im Jahr 1511 gehen die Spanier an der Nordküste erneut an Land und gründen Baracoa, die erste Stadt auf kubanischem Boden. Die Taínos, durch die Schilderungen von Flüchtlingen aus Hispaniola gewarnt, ahnen was ihnen droht.

Der junge Kazike (Häuptling) Hatuey, der nach vergeblichem Widerstand gegen die Eroberer mit einigen Getreuen in Kanus von Haiti nach Kuba floh, versucht nun dort die Stämme zu einigen und die Landung der Konquistadoren zu verhindern. Durch Verrat von Leuten aus den eigenen Reihen, die sich bei den Spaniern anbiedern wollen, misslingt der Versuch jedoch. Die Strafmaßnahmen der Eroberer sind grausam. Eine ihrer Methoden wird in der Karibik mit dem Verb »aperrear« beschrieben, was bedeutet: »Menschen von Hunden zerreißen lassen.« Hatuey wird gefangen und in einem Dorf im Osten der Sierra Maestra, das heute Las Mercedes heißt, im Jahr 1513 auf dem Scheiterhaufen verbrannt. Kurz vor seinem Tod, so wird in Kuba berichtet, erzählt ein Padre ihm vom Himmel und verspricht, dass er dort hinkommen könne, wenn er sich zum Christentum bekenne. Der Kazike fragt, ob auch die Spanier im Himmel seien, und antwortet, als der Pater dies bejaht: »Dann will ich nicht dorthin.«

Mit der Landung von Diego Velázquez wird Kuba 1511 in das spanische Kolonialsystem eingegliedert und – dank seiner strategisch günstigen Lage – zum Brückenkopf für die Eroberung des Kontinents. Die Ureinwohner wehren sich nach dem

Tod Hatueys weiter gegen die Eroberer. In dieser Zeit lassen sich auch die ersten entflohenen schwarzen Sklaven, die von Velázquez auf dessen Schiffen nach Kuba gebracht worden waren, als »Cimarrones« (Flüchtige, Rebellen) in den Bergen nieder und gründen dort befestigte Siedlungen, die »Palenques«. Die Welle der Taíno-Aufstände endet, als der Kazike Guamá, der drei Jahre lang eine Rebellion gegen die Konquistadoren angeführt hatte, im Jahr 1533 bei Baracoa getötet wird. Die indianischen Ureinwohner, die nicht schon während der Eroberung ums Leben kamen, gehen an der von den Spaniern auferlegten Zwangsarbeit zugrunde. Das von Kolumbus beschriebene Paradies ist für sie zur Hölle geworden. Trennung der Familien, Erschöpfung durch Zwangsarbeit, aus Europa eingeschleppte Krankheiten, Vergewaltigungen, Folterungen, Massaker und kollektive Selbstmorde dezimieren die Urbevölkerung. Gut 60 Jahre nach der Landung von Diego Velázquez leben auf Kuba nur noch etwa 1.000 indianische Ureinwohner.

Die reichste Kolonie der Welt

Obwohl die ersten Afrikaner bereits zu Kolumbus' Lebzeiten nach Kuba gelangt sind, steigert erst der Aufbau von Zuckerfabriken (Ingenios de Azúcar), etwa 100 Jahre später, und der damit zunehmende Handel den Bedarf an Arbeitskräften. Zwischen 1595 und 1850 werden über eine Million Afrikaner als Sklaven auf die Insel verschleppt. Etwa die gleiche Zahl überleben Hunger und Krankheiten während der Atlantiküberquerung sowie die Misshandlungen der Menschenhändler nicht. Mit der Zahl der Arbeitssklaven wächst auch der Reichtum ihrer Besitzer. Während um 1750 knapp 30.000 Afrikaner auf Kuba in Sklaverei gehalten werden, sind es zu Beginn des 19. Jahrhunderts mehr als 400.000. Die durchschnittliche Lebensdauer eines Sklaven nach der Ankunft auf Kuba beträgt zehn Jahre. Ihre Qualen, Demütigungen und die Entwürdigung lassen sich in Zahlen nicht ausdrücken. An die Stelle des Goldes ist der Zucker, an die Stelle der ausgerotteten Indianer sind die Schwarzen getreten, aber die Methoden der Herrschenden sind die gleichen geblieben. Das 1519 von Diego Velázquez gegründete und 1552 zur Hauptstadt ausgebaute Havanna wird zum wichtigsten Umschlagsplatz, bedeutendsten Handelszentrum und größten Hafen der Karibik. Die Vermögen der Kolonialherren und die Gewinne der dünnen Oberschicht von Plantagenbesitzern wachsen ins Unermessliche. Bis 1868 ist Kuba die reichste Kolonie der Welt. Für die aus Afrika geraubten Sklaven ist die Insel – wie zuvor für die Taínos und Ciboney – zur Hölle geworden.

Unrentable Sklavenhaltung

Es klingt wie eine Ironie des Schicksals. Ausgerechnet der Sieg ihrer Leidensgenossen auf der Nachbarinsel verschärft den Druck auf die Sklaven in Kuba. Spanien tritt den westlichen Teil Hispaniolas 1697 an Frankreich ab. Im Zuge der französischen Revolution erheben sich dort im Jahr 1791 die Sklaven auf den Zuckerplantagen. Nach langen, heftigen Kämpfen ist die Befreiungsbewegung unter ihrem Anführer François-Dominique Toussaint Louverture schließlich erfolgreich und verkündet 1794 die Abschaffung der Sklaverei. Unter dem Namen Haiti erklärt die erste von Schwarzen und Mulatten geführte Republik am 1. Januar 1804 ihre Unabhängigkeit. Das Land engagiert sich für die Abschaffung der Sklaverei auch in den noch bestehenden Kolonien des Kontinents und unterstützt Venezuela, Peru und Kolumbien bei ihrem Unabhängigkeitskampf unter den Revolutionsführern Simón Bolívar und Francisco de Miranda. Die Kolonialmächte haben den Haitianern ihren Sieg nie verziehen. Rund 30.000 hellhäutige Plantagenbesitzer emigrieren nach Kuba und erhöhen dort die Zuckerproduktion. Je reicher die Großgrundbesitzer werden, desto mehr wächst ihre Unzufriedenheit über die Bevormundung durch und die Abgabenlast an Spanien. Neben den überlebenden Ureinwohnern und den aus Afrika verschleppten Sklaven, fühlen sich auch immer mehr

Mitglieder der kreolischen Oberschicht, von denen einige bereits als Mischlinge geboren wurden, nicht als Spanier oder Europäer, sondern als Amerikaner und Kubaner. Sie streben aus unterschiedlichen Motiven nach Unabhängigkeit, Selbstbestimmung und Respektierung ihrer Würde. Noch etwas beginnt, ihr Denken radikal zu verändern: Ein rapider Preisverfall für Zucker und Kaffee auf den ausländischen Märkten beschert den Pflanzern so große Verluste, dass einige von ihnen die Sklaverei in Frage stellen. Trotz kostenloser Ausbeutung ihrer Arbeitskraft sind Sklaven für sie auf Dauer kostspieliger als Lohnarbeiter. Das Schlagen und die Verarbeitung von Zuckerrohr erfordern lediglich vier Monate intensive Arbeit im Jahr. Der Einsatz von Maschinen in den Zuckerfabriken verringert den Bedarf an menschlichen Arbeitskräften weiter. Auch Kaffee benötigt nur während der Ernte viele pflückende Hände. Die herrschende Klasse verstrickt sich zunehmend in einen Widerspruch. Sklaven – und bis zum arbeitsfähigen Alter auch deren Kinder – müssen, da sie Eigentum, also Kapital sind, dauerhaft ernährt und versorgt werden, während ein großer Teil der Arbeit saisongebunden ist. Es wird immer offensichtlicher, dass die Haltung von Sklaven unrentabler ist als die Beschäftigung »freier Arbeiter«, die man entlassen kann, wenn sie keinen Gewinn bringen (vgl. Merle, S. 20). Da die Niederlage der Südstaaten im US-amerikanischen Bürgerkrieg im Jahr 1865 die endgültige Abschaffung der Sklaverei in den USA sowie die verstärkte Ausrichtung des Landes als Industriestaat zur Folge hat, beginnen auch Pflanzer in Kuba über eine Transformation zur freien Arbeit nachzudenken. Hinzu kommt, dass seit Anfang des Jahrhunderts immer mehr Sklaven geflohen sind, die als »Cimarrones« von den unzugänglichen Bergregionen aus Aufstände anzetteln. In einem Manifest fordern mehr als 24.000 Kubaner, darunter nahezu die gesamte kreolische Oberschicht, ökonomische Reformen, die Abschaffung der Sklaverei und eine Vertretung ihres Landes in den Cortes (Parlamenten) des Mutterlandes. Die Spanier lehnen jedoch jede Art von Reform ab, schicken stattdessen mehr Soldaten und erlassen neue Steuern. Das schürt die soziale Unzufriedenheit. Eine schlechte Zuckerrohrernte im Jahr 1867 verschärft die Situation.

Der Erste Unabhängigkeitskrieg

Am Morgen des 10. Oktober 1868 läuten auf der Zuckerhacienda »La Demajagua« in Yara, einer kleinen Stadt im Osten, die Alarmglocken. Gutsbesitzer Carlos Manuel de Céspedes, ein Rechtsanwalt und Nachkomme spanischer Großgrundbesitzer, fordert alle Kubaner zum Kampf gegen die spanische Kolonialmacht auf. In dem als »Manifest des 10. Oktober« bekannt gewordenen Aufruf verlangt er die Abschaffung der Sklaverei und erklärt die Unabhängigkeit Kubas. Der »Ruf von Yara« (Grito de Yara) gilt als Beginn des kubanischen Unabhängigkeitskampfes und des ersten, zehn Jahre dauernden, Befreiungskrieges. Ein halbes Jahr später, am 10. April 1869, wird Céspedes zum Präsidenten der im Untergrund gebildeten »Republik in Waffen« gewählt. Ihre Hymne ist die kämpferische »La Bayamesa«, die nach der Unabhängigkeit von Spanien und dem Ende der US-Militärbesatzung im Jahr 1902 erneut zur Nationalhymne der Republik Kuba wurde und dies bis heute ist. Céspedes lässt seine eigenen Sklaven frei und ermutigt sie, sich am Kampf zu beteiligen. Die Schwarzen bilden in den Ostprovinzen bereits mehr als die Hälfte der Bevölkerung. Die »Mambises« genannten, meist nur mit Macheten bewaffneten Kämpfer, finden breite Unterstützung im Volk und werden zur Triebkraft der Rebellion. Reiche Pflanzer unterstützen sie mit Geld, Gewehren, Pferden und ihrer Erfahrung im Organisieren und Befehlen. Im Krieg vereinigen sich zwei revolutionäre Bewegungen. Die Pflanzer revoltieren gegen das Mutterland und die schwarzen Sklaven gegen ihre Ketten (vgl. Merle, S. 21). Wie alle folgenden Aufstände, die das Land verändern, geht auch dieser nicht von Havanna und dem wohlhabenden Westen, sondern von den Ostprovinzen aus, dem armen, aber revolutionären »Oriente«.

Der spanische Gouverneur schickt Truppen, um den Aufstand niederzuschlagen. Das Heer der Kolonialherren ist eine moderne Armee. Gegen Gewehre und Kanonen haben die rund 26.000 Mambises mit ihren Macheten trotz allen Heldenmutes keine Chance. Die Spanier verbreiten mit Hinrichtungen durch den Strang, Massenexekutionen, Folter und Morden an Gefangenen Angst und Schrecken. Obwohl es gefährlich ist, dies offen zu zeigen, steht die Bevölkerung hinter den Rebellen. Zugleich wächst der Hass auf die Kolonialmacht, die ihre Truppen ständig verstärkt, bis sie in Kuba zuletzt über rund 250.000 Mann unter Waffen verfügt. Am 28. Mai 1878 wird der Erste Befreiungskrieg mit einer Niederlage der Aufständischen beendet. Die Krone versucht die Wogen mit Kosmetik zu glätten. Im Juli wird Kuba vom König zu einer Überseeprovinz Spaniens mit Vertretung in den dortigen Parlamenten erklärt, bleibt aber Kolonie. Erst 1886 – mehr als 20 Jahre nach deren Verbot in den USA – wird die Sklaverei per Gesetz endgültig abgeschafft.[3] Die Situation der »freien Arbeiter« ist jedoch auch nicht günstig. 1887 gibt es im ganzen Land gerade einmal 783 Schulen. 65 Prozent der Weißen und 88 Prozent der farbigen Bevölkerung sind Analphabeten.

Carlos Manuel de Céspedes, der in Kuba als »Vater des Vaterlandes« (Padre de la Patria) bezeichnet wird, ist bereits am 27. Februar 1874 gefallen, nachdem sein Versteck von Kollaborateuren an die Spanier verraten worden war. Die bedeutendsten Generäle der Rebellenarmee, Antonio Maceo, Máximo Gómez und Calixto Garciá, überleben und spielen später erneut wichtige Rollen im Kampf für die Unabhängigkeit. Die Erfahrungen des zehnjährigen Kampfes fördern die Herausbildung eines eigenen Nationalbewusstseins und werden zur Grundlage für die späteren

---

3 In einem Vertrag zwischen England und Spanien war der Sklavenhandel nach Kuba schon ab 1820 verboten worden. Die spanisch-kubanischen Sklavenhändler hielten sich jedoch nicht an den Vertrag. Bis etwa 1878 wurde die Verschleppung von Menschen aus Afrika nach Kuba sogar intensiviert.

Siege der Patrioten. Trotz oder vielleicht wegen der Niederlage sind Freiheit von Fremdherrschaft, Unabhängigkeit, Souveränität und Würde seitdem für die meisten Kubaner unverzichtbare Werte. Der 10. Oktober ist ein nationaler Feiertag.

2. Martís Vision vom freien Amerika

Am 4. April 1870 – der zwei Jahre zuvor von Céspedes begonnene Aufstand breitet sich wie ein Steppenbrand über Kuba aus – wird ein 17-jähriger Mann namens José Martí in Ketten zur Zwangsarbeit abgeführt. Ein Freund und er waren ins Visier der Obrigkeit geraten, weil sie während einer Militärparade verächtlich gelacht hatten. Bei einer Hausdurchsuchung wird ein Brief gefunden, in dem Martí einem Mitschüler vorwirft, sich dem Lager der Spanier angeschlossen zu haben. Denen ist der junge Sympathisant der Rebellenbewegung bereits aufgefallen. Als 15-Jähriger hatte er in der Zeitung »La Patria Libre« (Das freie Vaterland) sein dramatisches Gedicht »Abdala« veröffentlicht. In diesem frühen Werk, das im heutigen Kuba Unterrichtsstoff in der sechsten und siebten Klasse ist, sagt der junge Held: »Die Liebe zum Vaterland ... ist nicht die einfältige Liebe zur Erde, ... es ist der unbezähmbare Hass gegen den Unterdrücker.« Sechs Monate muss Martí auf seinen Prozess warten. Das Urteil lautet sechs Jahre Kerker und Zwangsarbeit. Durch Fürsprache wird die Zwangsarbeit später – was vermutlich sein Leben rettet – in Verbannung umgewandelt, und am 15. Januar 1871 wird Martí nach Cádiz überstellt.

In Spanien entwickelt sich der jugendliche Schwärmer zum politischen Agitator. Obwohl der Vater aus Valencia stammt und die Mutter aus Santa Cruz de Teneriffa, lehnt der am 18. Januar 1853 in Havanna geborene José Martí nicht nur die Kolonialherrschaft, sondern auch die Identifikation mit Herkunft und Kultur seiner Vorfahren ab. Er entwickelt die Vision von der eigenen Identität eines freien, unabhängigen Kubas. In Europa schreibt sich der junge Mann an der Universität ein, erwirbt Diplome der Rechtswissenschaft und Philosophie, lernt Portugiesisch, Französisch, Italienisch, Deutsch und Englisch, beschäftigt sich mit Geschichte und politischer Ökonomie. Doch Martí studiert nicht um des eigenen Vorteils willen. Er lernt, um sich selbst und Kuba zu befreien. Bildung sei die Grundlage für die Erlangung der Freiheit, schreibt er und definiert Kultur wie Bildung nicht als Zeitvertreib, sondern als Recht für alle und Voraussetzung für die Emanzipation von Sklaverei und Fremdherrschaft. »Hier wurde Martís Feder zum ersten Mal zur Waffe«, urteilt später ein Freund.

Kubas Freiheit und der Kontinent

In der »alten Welt« ist Martí räumlich von Amerika entfernt, doch auch in der Ferne fühlt er sich dem Schicksal der lateinund südamerikanischen Länder, ihrer Völker und Kulturen, ihrer Künste und ihrer politischen Entwicklung verbunden. Es brennt ihm unter den Nägeln, seine in Europa erworbenen Eindrücke und Kenntnisse für die heimatliche Welt einzusetzen, und er schifft sich nach Mittelamerika ein. Im Februar 1875 erreicht er Veracruz und lässt sich, weil dieses Land Kuba am nächsten liegt, in Mexiko nieder. Hier wird er mit dem wachsenden Widerstand gegen die Annexionspolitik des »Coloso del Norte«, des großen Nachbarn im Norden konfrontiert.[4] José Martí entdeckt, dass der Kampf für Kubas Unabhängigkeit und Freiheit nicht von dem der »großen Gemeinschaft« zu trennen ist. Auf dem Festland sind die Ideen und Ziele des Unabhängigkeitskämpfers Simón Bolívar, der »El Libertador« (der Befreier) genannt wird, zu dieser Zeit präsenter als in Kuba und beeinflussen das Denken der fortschrittlichen Intellektuellen. Im Umfeld größten

4 1848 hatten die USA nach ihrem Sieg im Krieg gegen Mexiko ihr Territorium bis zum Pazifik ausgedehnt.

sozialen Elends, politischer Unterdrückung und schamloser Ausbeutung wächst die Überzeugung heran, sich mit den anderen Bewohnern der Region durch den Zusammenschluss aller lateinamerikanischen Völker gemeinsam gegen die Vorherrschaft der Ausplünderer zu wehren (s. Schnelle, S. 66). Ein Gedanke, den Martí Jahre später in seinem Essay »Unser Amerika« (Nuestra América) wieder aufgreift. In diesem 1891 veröffentlichten Aufsatz schlägt er eine antiimperialistische Allianz aller mittel- und südamerikanischen Staaten vor, um der »Bedrohung durch den Norden« zu begegnen.

Mit den Armen der Erde

Eine Amnestie zum Ende des zehnjährigen Befreiungskrieges ermöglicht Martí 1878 die Einreise nach Kuba, wo er für seine politischen Ansichten wirbt. Er engagiert sich für die Organisierung neuer Aufstände, »um der revolutionären Bewegung Nahrung zu geben«. Martí sei ein Narr, sagt der spanische Generalkapitän der Insel und warnt zugleich: »Aber ein gefährlicher Narr.« Unter dem Vorwurf, als Vizepräsident des Zentralen Revolutionären Klubs von Havanna an konspirativen Unternehmungen beteiligt zu sein, wird Martí im September 1879 erneut verbannt. Noch im Hafen wird er von einem Geheimagenten der spanischen Regierung aufgefordert, seine Position zu überdenken. Er antwortet kurz: »Martí no es de la raza de los vendibles.« (Martí ist nicht von der käuflichen Sorte.) Er spürt, dass die Zeit für den Aufstand noch nicht reif ist und geht – nach kurzen Aufenthalten in Europa – für 14 Jahre ins Exil nach New York, um sich dort ausschließlich dem Kampf für die Unabhängigkeit Kubas zu widmen. Anfangs beeindruckt vom Handel und Treiben in den USA zieht er später eine andere Bilanz: »Der Norden dachte mehr daran, das Vermögen einiger weniger zu sichern, als eine Nation zum Wohle aller zu schaffen. Hier gruppieren sich die Reichen auf der einen, die Verzweifelten auf der anderen Seite.« Über Karl Marx schreibt er nach dessen Tod im Jahr 1883:

»Wie er sich auf die Seiten der Schwachen gestellt hat, verdient Achtung.« Karl Marx sei der »anständigste Vertreter und der mächtigste Denker der Arbeitswelt«. Martí hat die Entwicklung des Kapitalismus in den USA als Korrespondent und Reporter von über 20 Zeitungen über Jahre beobachtet, analysiert und dokumentiert. Der Patriot und radikale Humanist ist am Ende seines Aufenthalts nicht zum Marxisten, doch zu einem Kenner und Kritiker des kapitalistischen Gesellschaftssystems geworden. »Ich habe in dem Ungeheuer gelebt«, schreibt er, »und kenne seine Eingeweide.« Immer stellt Martí seine Verbundenheit mit den einfachen Menschen heraus. 1891 erscheint der Gedichtband »Versos sencillos« (Einfache Verse) mit Teilen des von ihm verfassten Textes des weltbekannten Liedes »Guantanamera«, in dem es heißt: »Con los pobres de la tierra quiero yo mi suerte echar.« (Mit den Armen der Erde möchte ich mein Schicksal teilen.)

Der Zweite Unabhängigkeitskrieg

Der Journalist, Poet und Schriftsteller José Martí beschränkt sich nicht auf Beschreibungen und philosophische Betrachtungen, sondern beginnt im Exil, die Reste der revolutionären Bewegung Kubas aufzufangen. Seit Mai 1880 gibt es in New York bereits das kubanische Revolutionskomitee, um das er nun die zersplitterten militärischen Kräfte sammelt. Auf die kubanischen Tabakarbeiter in Florida gestützt, gründet Martí im Januar 1892 die als Einheitspartei konzipierte »Partido Revolucionario Cubano« (Revolutionäre Kubanische Partei), deren Ziel es ist, alle patriotischen Kräfte zusammenzuschließen und sich an die Spitze des Volkskampfes gegen die spanische Kolonialherrschaft zu stellen. Die Zeit scheint dafür reif zu sein. Die Aufhebung der Sklaverei fördert in Kuba die industriekapitalistische Entwicklung. Doch die Kolonialmacht versucht ihr Herrschaftssystem über die kapitalistische Plantagenkolonie mit Gewalt zu erhalten. Spanien bremst die Entwicklung der nationalen Industrie und des Handels, diskriminiert die entstehende kreolische Industriebourgeoisie und konserviert die Monokultur der Landwirtschaft. In den Jahren 1894/95 bleiben nicht einmal drei Prozent der in Kuba erwirtschafteten Einkünfte im Land. Der Rest wird an das Mutterland abgeführt, für den Unterhalt der Kolonialarmee, der Flotte, des bürokratischen Apparats und den Lebensstil der Vertreter Madrids verbraucht (vgl. Grinewitsch, S. 36). Die räuberische Kolonialpolitik erschwert die Entwicklung einer nationalen kubanischen Wirtschaft. Martí analysiert das Scheitern des ersten Befreiungskrieges und kommt zu der Schlussfolgerung, dass der künftige Aufstand sorgfältige Vorbereitung, eine breite Propagierung seiner Ideen und Ziele nicht nur in Kuba, sondern auch im übrigen Lateinamerika und den USA, umfassende Vorbereitung des Volkes, die Schaffung einer revolutionären Organisation sowie überzeugte, zuverlässige und erfahrene militärische Führer braucht. Es gelingt ihm, die wichtigsten Generale der Revolutionstruppen aus dem ersten Befreiungskrieg, Máximo Gómez, Antonio Maceo und Calixto García für eine Neuaufnahme des bewaffneten Kampfes um die Unabhängigkeit Kubas zu gewinnen. Wieder versucht ein Kollaborateur die Entwicklung aufzuhalten. Ein kubanischer Tabakarbeiter in Tampa (Florida), der sich auf die Seite der spanischen Krone stellt, schüttet Martí Gift in den Wein, doch dieser überlebt. Ihn beunruhige nicht das Gift, sagt er später, sondern der Mangel an Bewusstsein und Patriotismus bei dem Attentäter, der doch auch Kubaner und zudem Arbeiter sei. Martí legt den Beginn des neuen Unabhängigkeitskrieges auf den 24. Februar 1895 fest. Zum Auslöser des bewaffneten Kampfes werden an diesem Tag Aufstände in 35 Orten der Insel, darunter der Ortschaft Baire. Dort sammeln sich die Bauern um den schwarzen Anführer Guillermón Moncada, der dem »Grito de Baire« zum Sieg verhilft. Martí ernennt den General der Revolutionstruppen zum Oberbefehlshaber der Provinz Oriente. Später wird die Kaserne in Santiago de Cuba seinen Namen tragen. Am Abend des 11. April 1895 landen José

Martí und Máximo Gómez mit einigen Gefährten im Osten der Insel. Nur fünf Wochen später stürmt Martí – entgegen einer Anordnung von Gómez – an der Spitze eines Reitertrupps gegen eine zahlenmäßig überlegene spanische Einheit nach vorn und gerät in das feindliche Feuer. José Martí fällt am 19. Mai 1895 im Gefecht von Dos Rios. Ein Ende, das er für möglich gehalten und in Kauf genommen hat. »Der Tod ist ein Sieg, und hat man richtig gelebt, ist der Katafalk[5] ein Triumphwagen«, hatte Martí geschrieben, so als verfasse er die eigene Grabinschrift. In Kuba wird er als Nationalheld und Symbolfigur für den revolutionären Unabhängigkeitskampf verehrt. Seit dem Sieg der Revolution zeigt eine weiße Büste vor jeder Schule das Antlitz des Mannes, der das Bewusstsein aller späteren Revolutionäre und der Nation geprägt hat.

Martís Vermächtnis

Der Einfluss der Arbeiten José Martís, seine pädagogischen Konzepte, seine Bedeutung als Dichter für die Weltliteratur und die herausragende Rolle für Lateinamerika sind unbestritten. Während bürgerliche Ideologen sein politisches Erbe jedoch auf den Kampf für die Unabhängigkeit Kubas vom spanischen Kolonialismus reduzieren möchten, gilt er in seiner Heimat auch als ein geistiger Vater der sozialen Befreiung. In Kuba und nahezu allen anderen Ländern Latein- und Südamerikas wird auch seine frühe Forderung nach Vereinigung der lateinamerikanischen Staaten und der vom ihm formulierte Antiimperialismus gegenüber der Vorherrschaft der USA betont. Martís Denken ist zunächst von der Vision eines freien, unabhängigen Kubas dominiert. Schon früh gesellen sich dazu aber auch die Forderungen nach allgemeiner Volksbildung und sozialer Gerechtigkeit, zu der er auch das Recht auf gesundheitliche Versorgung für alle zählt, sowie

5 Ein schwarz verhängtes Gerüst, auf dem der Sarg während der Trauerfeier steht.

nach Aufhebung jedweder Diskriminierung. »Der Mensch hat kein besonderes Recht, weil er dieser oder jener Rasse angehört; allein weil er ein Mensch ist, hat er alle Rechte«, schreibt er. Der radikale Humanismus des Freimaurers Martí sieht den Menschen zudem nicht nur als Wesen, das ein Recht hat frei von den Ketten der Sklaverei und dem Joch des Kolonialismus zu leben. Zur freien Entfaltung gehören für ihn ebenso Bildung, Gesundheit, Teilhabe am sozialen und kulturellen Leben, Gleichheit, Gerechtigkeit, Unabhängigkeit von imperialistischer Ausplünderung und Freiheit von der Beherrschung durch Großgrundbesitzer oder kapitalistische Konzerne.

Martís Kritik am Kapitalismus ist – wenngleich nicht die Analyse eines Marxisten – ausgeprägt. Nach Ankunft in den USA prangert er an, dass die Entwicklung der kapitalistischen Welt die Bereicherung Weniger zu Lasten der eigenen und fremder Völker befördert und schreibt: »An einer sichtbaren Kette, barfuß und mit gesenktem Kopf müssten sie durch die Straßen geführt werden, jene Schurken, die ihr Vermögen mit den Sorgen und dem Hass der Völker erwerben. Bankiers – nein, Banditen!« (vgl. Schnelle, S. 114). Er sieht voraus, dass dem kubanischen Volk nicht nur der Kampf gegen den spanischen Kolonialismus, sondern auch gegen die imperialistischen Gelüste des nördlichen Nachbarn bevorsteht. Sobald sein Land die Unabhängigkeit von Spanien erreicht hat, schreibt Martí, müssten sich Kuba und die Länder Lateinamerikas dem Zugriff der USA entwinden. Zu einer Zeit, in der die Expansion des Nordens noch am Anfang steht, warnt er: »Die Völker Amerikas sind freier und glücklicher, je weiter sie sich von den Vereinigten Staaten abwenden.« Martís letztes Schreiben belegt, dass er den Krieg nicht nur gegen Spanien, sondern bereits auch gegen die USA führt. Manuel Mercado, ein enger Freund, erhält in Mexiko einen von Martí einen Tag vor seinem Tod in Dos Rios geschriebenen Brief, der nach einigen Seiten mitten im Satz abbricht, weil der Verfasser in sein letztes Gefecht zieht. Sein politisches Ziel sei es, offenbart

Martí dem Freund, »durch die Unabhängigkeit Kubas rechtzeitig zu verhindern, dass sich die USA über die Antillen ausbreiten und mit dieser so vermehrten Macht in die Länder unseres Amerika einfallen.« (vgl. Martí, Mit Feder und Machete, S. 440) José Martí verkörpert Kubas historisches Gewissen. Sein Einfluss macht aber an dessen Grenzen nicht halt. Vom Rio Grande bis Patagonien kennen die knapp 600 Millionen Einwohner der 33 Länder Lateinamerikas und der Karibik, deren gemeinsame Heimat Martí »Nuestra América« nennt, seinen Namen und bezeichnen ihn als »Apostel des freien Amerika«.

Neue Stiefel zertreten die Hoffnung

Der Unabhängigkeitskrieg wird nach Martís Tod weitergeführt. Das Blatt wendet sich, die revolutionären Kräfte erzielen größere Erfolge. Im Jahr 1897 geraten die Kolonialtruppen immer mehr in die Defensive. Ende des Jahres muss der spanische Ministerpräsident Práxedes Mateo Sagasta der Insel zum 1. Januar 1898 den Status der Autonomie zugestehen. Allerdings behält der von der Krone eingesetzte Gouverneur, General Ramón Blanco, die oberste Regierungsgewalt und den militärischen Oberbefehl. Máximo Gómez erkennt das neue Regime nicht an, will weiterkämpfen. Doch den revolutionären Kämpfern für Kubas Unabhängigkeit wird der schon nahe Sieg aus den Händen gerissen.

Die USA nutzen die Schwäche der Kolonialmacht und sehen den Moment gekommen, die Kontrolle über Spaniens verbliebene Kolonialgebiete zu erlangen und – nachdem ihr im Hafen von Havanna ankerndes Kriegsschiff Maine explodiert war – Kuba zu okkupieren. Unter dem Vorwand der »Hilfe« für die Befreiungstruppen der Patrioten greifen sie mit eigenen Militäreinheiten ein und zerschlagen die demoralisierte Armee des monarchistischen Spanien. Es ist der Beginn einer Politik der Vereinigten Staaten, ihr Einflussgebiet über das nordamerikanische Festland hinaus auszudehnen. Am 10. Dezember 1898 verzichtet Spanien im Friedensvertrag von Paris auf Kuba.[6] Die vermeintliche, mit Hilfe der USA erlangte, neue Freiheit wird zunächst euphorisch gefeiert. Ein neues Getränk, der »Cuba Libre«, bestehend aus kubanischem Rum und US-amerikanischer Coca Cola, wird kreiert. Doch das Land wird nach dem Sieg im Befreiungskrieg gegen die alte Kolonialmacht weder unabhängig noch souverän. Es sind nun lediglich andere Stiefel, die die Würde des Volkes in den Staub der Antilleninsel treten.

3. Scheindemokratische Pseudo-Republik

Thomas Jefferson, der Sohn einer wohlhabenden Pflanzerfamilie, regiert von 1801 bis 1809 als dritter Präsident die USA. Obwohl er sich selbst als »Vorkämpfer für Demokratie und Menschenrechte« bezeichnet, besitzt der Großgrundbesitzer zahlreiche Sklaven. Den Widerspruch erklärt der Südstaatler Jefferson mit einem Beispiel. »Bei der Sklaverei zu bleiben, ist dasselbe, wie einen Wolf an den Ohren zu halten«, sagt er. »Man will gern loslassen, kann es aber nicht aus Angst, gefressen zu werden.« Doch nicht nur die eigenen Sklaven sind dem »aufgeklärten Politiker« suspekt. Unter seiner Präsidentschaft beginnend, verweigern die USA der ersten von Schwarzen und Mulatten geführten Republik, die am 1. Januar 1804 unter dem Namen Haiti ihre Unabhängigkeit von Frankreich erklärt hatte, 58 Jahre lang die Anerkennung als Staat. Gleichwohl hat Jefferson aber keine Skrupel, die durch die Revolution in Haiti verursachte Schwäche der Kolonialmacht für die expansionistischen Ziele des eigenen Landes zu nutzen. Im Jahr 1803 handelt er Frankreich dessen Kolonie Louisiana ab, wodurch die USA ihr Territorium nahezu verdoppeln.

6 Spanien muss Puerto Rico (inklusive der Spanischen Jungferninseln), Guam und die Philippinen an die USA abtreten. Kuba wird formal unabhängig, bleibt aber unter US-Besatzung.

Nach Gründung der Republik Haiti richtet der Präsident sein Augenmerk aus strategischen Gründen auf Kuba. »Diese Insel ist die interessanteste Ergänzung unseres Systems von Bundesstaaten«, befindet der Politiker, der bereits unter dem ersten Präsidenten der Vereinigten Staaten, George Washington, als Außenminister gedient hatte. Später folgt Klartext: »Wenn wir Kuba besitzen, sind wir die Herren der Karibik.« Jefferson ist besessen von der Idee, den Spaniern die Karibikinsel abzukaufen. Im Jahr 1808 machen die USA ein Kaufangebot, doch Madrid lehnt ab. Nach der Absage streckt die US-Regierung ihre Hände zunächst nach dem ebenfalls noch unter spanischer Herrschaft stehenden Florida aus, wo sie 1821 die Kontrolle übernimmt. Am 3. März 1845 wird Florida zum 27. Bundesstaat der USA, die damit bereits bis auf 90 Meilen an das Objekt ihrer Begierde herangerückt sind. Die Verträge mit Spanien handelt der spätere (1825–1829) Präsident John Quincy Adams 1823 noch als Außenminister im Kabinett von Präsident James Monroe aus.[7] Im gleichen Jahr entwickelt Quincy Adams folgende – als »Theorie der reifen Frucht« bekannt gewordene – These über Kuba: »Die Politik gehorcht, wie die Physik, den Gesetzen der Gravitation. Und wie ein Apfel, durch den Sturm vom Baum seiner Herkunft gerissen, nur auf den Boden fallen kann, so kann auch Kuba, durch Gewalt aus seiner widernatürlichen Fesselung an Spanien gerissen und unfähig, sich selbst zu regieren, nur der Schwerkraft in Richtung der Vereinigten Staaten folgen.«

Andere zeigten sich weniger geduldig. Der einflussreiche republikanische Senator Henry Cabot Lodge Senior forderte 1896 vor dem Kongress offen eine Annexion: »Kuba in unserer

7 Monroe entwickelt 1823 die bis in die heutige Zeit geltenden Grundzüge einer langfristigen Außenpolitik der Vereinigten Staaten, in der die Unabhängigkeit Amerikas von europäischen Mächten festgestellt wird. Im Kern erklärt die »Monroe-Doktrin« den gesamten Doppelkontinent zur Hemisphäre (Hinterhof) Washingtons. Jede Verletzung dieses Anspruchs drohen die USA mit militärischem Eingreifen zu beantworten.

Hand … wäre ein Bollwerk für den Handel, die Sicherheit und den Frieden der Vereinigten Staaten«, meint er. Doch zunächst beobachten die expansionistischen Kreise der USA erst einmal die sich abzeichnenden Aufstände und warten auf ihre Stunde. Beunruhigt sind viele US-Politiker darüber, dass etwa die Hälfte der kubanischen Freiheitskämpfer ehemalige Sklaven sind. Ein zweites Haiti, eine zweite Republik, in der Schwarze und Mulatten zumindest mitregieren würden, liefe den wirtschaftlichen Interessen der herrschenden Kreise zuwider. Ende 1897 stimmt William McKinley, der republikanische Präsident des Big Business, Kongress und Öffentlichkeit mit folgenden Worten auf das militärische Eingreifen der USA in Kuba ein: »Wir haben nur den Wunsch, dass die Kubaner wohlhabend und zufrieden sind und sich an der Selbstbestimmung erfreuen können, die ein unveräußerliches Recht der Menschheit ist; dass sie geschützt sind in ihrem Recht, die Früchte des unermesslichen Reichtums ihres Landes zu ernten« (vgl. Schäfer, S. 68). Er verneint die längst geschmiedeten Pläne einer gewaltsamen Annexion Kubas, da dies »angesichts unserer Moral eine verbrecherische Aggression wäre«. Seine Regierung könnte eine militärische Aktion auch nicht rechtfertigen, da die USA bisher keinen Grund für einen Krieg vorweisen können. Etwas später ist der »Casus belli« dann aber da.

Remember the Maine

Am 25. Januar 1898 läuft der US-amerikanische Panzerkreuzer USS Maine gegen den Protest Spaniens zu einem »Freundschaftsbesuch« Havanna an. Gleichzeitig wird bei Key West an der Südspitze Floridas die US-Flotte zusammengezogen. Drei Wochen darauf, am 15. Februar, fliegt das Schlachtschiff mit einer solchen Gewalt in die Luft, dass die ganze Stadt erschüttert wird. 266 Mann Besatzung werden von der Explosion in Stücke gerissen. Die kriegslüsterne US-Presse wirft den Spaniern vor, für das »unglaubliche Verbrechen« verantwortlich zu sein.

Medien-Tycoon William Randolph Hearst, dem die größte Zeitungskette der USA gehört, heizt die Stimmung an. Wochenlang lässt er in allen Orten der USA riesige Plakate mit der Aufschrift aushängen: »Remember the Maine!« (Denkt an die Maine!) Obwohl kein Beweis für die Schuld der Spanier geliefert wird, steht der Schurke fest, und der Ruf nach Vergeltung wird laut. Am 25. April 1898 gibt der Kongress grünes Licht, Armee und Flotte in Marsch zu setzen. Politik und Medien lassen keinen Zweifel zu, dass jede Opposition gegen den Krieg als Verrat an den Interessen des Landes geahndet würde. Die USA machen »die Befreiung Kubas« zur nationalen Aufgabe.

1916 bezeichnet W. I. Lenin den »spanisch-amerikanischen Krieg« als »ersten Krieg der Imperialisten« für die Umverteilung der bereits verteilten Welt. Mit ihm beginne ein neuer Abschnitt der Weltgeschichte, die Epoche des Imperialismus (vgl. Lenin, S. 761 ff.). Die für die Unabhängigkeit ihres Landes kämpfenden kubanischen Revolutionäre sind nicht mehr gefragt. An der Verhandlung über den Friedensvertrag von Paris sind die »Mambises« nicht beteiligt, werden zur Unterzeichnung nicht einmal als Beobachter zugelassen. Alles wird ausschließlich zwischen den Regierungen Spaniens und der USA geregelt. Statt des spanischen, nimmt nun ein nordamerikanischer Gouverneur die Insel in Besitz. Über der Festung »El Morro« an der Hafeneinfahrt von Havanna wird das Sternenbanner gehisst.

Militärherrschaft der USA

Nachdem die Spanier vertrieben sind, steht Kuba bis 1902 unter Militärherrschaft der USA. Die Eigentumsverhältnisse des alten Kolonialsystems, für deren Abschaffung die Aufständischen gekämpft hatten, erfahren zwar eine Verschiebung zugunsten des US-Kapitals, werden aber nicht grundsätzlich verändert. Die Okkupanten nehmen sofort Kontakt zur agrarkapitalistischen Oberschicht auf, die sich mit den neuen Herren liiert. Die Industriellen der Tabak- und Zuckerindustrie und die Großkaufleute schließen sich US-Firmen an, die nun überall in Kuba Niederlassungen eröffnen. Die schon bestehende Abhängigkeit nimmt dadurch weiter zu. Im Gegenzug schützt die Besatzungsmacht einheimische Fabrikbesitzer vor Aktionen ihrer Belegschaften. Als kubanische Arbeiter im September 1899 für eine Arbeitszeitverkürzung streiken, wird die US-Armee eingesetzt, angeblich zur Sicherung der Gebäude, tatsächlich um den Streik zu unterbinden.

Im Jahr 1900 dürfen die Kubaner – mit Erlaubnis des US-Militärgouverneurs General Leonard Wood – zu einem Verfassungskongress zusammenkommen, auf dem sie beraten, wie einige Früchte ihres Befreiungskampfes doch noch gerettet werden könnten. Das Ergebnis wird von den Besatzern jedoch ignoriert. Sie drohen mit Einstellung der dringend benötigten Wirtschaftshilfe, falls ihre Bedingungen nicht akzeptiert werden. Erst ein zweiter Kongress, auf dem die Kubaner sich bereit erklären, Einschränkungen der eigenen Souveränität in die Verfassung aufzunehmen, findet Washingtons Gnade. Eine Zusatzklausel der kubanischen Verfassung von 1901, das »Platt-Amendment«, berechtigt die USA zur Intervention »für die Aufrechterhaltung einer Regierung, die in der Lage ist, Leben, Eigentum und individuelle Freiheiten zu schützen«. Ein Freibrief, sich jederzeit in die inneren Angelegenheiten Kubas einzumischen, falls die USA ihre Interessen oder US-Eigentum als gefährdet betrachten. Immerhin hat die US-Wirtschaft mehr als eine Milliarde Dollar auf der Tropeninsel investiert. Außerdem muss Kuba unterschreiben, den US-Militärs Land zur Verfügung zu stellen, vorgeblich um es den USA »zu ermöglichen, die Unabhängigkeit Kubas aufrechtzuerhalten und die Menschen dort zu schützen«.

Stützpunkt in Guantánamo Bay

Im Februar 1903 wird unter dem politischen und militärischen Druck Washingtons auf der Basis des »Platt-Amendments« ein Pachtvertrag über 99 Jahre für ein 117,6 Quadratkilometer großes Gebiet in der Bucht von Guantánamo abgeschlossen.[8] In dem Vertrag ist festgelegt, dass das Gebiet »ausschließlich als Kohleverladestation und Marinebasis und für keinen anderen Zweck« zu nutzen ist.[9] 1934 stimmen die USA in einem neuen Vertrag der Streichung des »Platt-Amendments« zu, ohne aber den Status der Guantánamo-Bucht zu verändern. In der neuen Vereinbarung wird der Nutzungszweck »ausschließlich als Kohleverladestation und Marinebasis« erneut bestätigt. Die US-amerikanischen Ansprüche auf den Stützpunkt werden jedoch auf unbefristete Zeit, »bis die beiden Vertragsparteien eine Änderung des Übereinkommens vereinbaren«, festgelegt. Als Jahrespacht wird die Zahlung von 2.000 Golddollar vereinbart (vgl. Schäfer, S. 75). Seit dem Sieg der Revolution verweigert die kubanische Regierung allerdings die Annahme des Pachtzinses, da sie beide Verträge als illegal und nichtig betrachtet. Diese Auffassung wird heute von namhaften Völkerrechtlern geteilt.[10] Bei

---

8 Auch die knapp 120 Kilometer westlich von Havanna gelegene Stadt und Bucht Bahía Honda werden an die USA verpachtet, die hier einen Flottenstützpunkt einrichten. Anders als die Guantánamo Bucht wird dieses US-Pachtgebiet aber 1912 an Kuba zurückgegeben.

9 Für Washington ist die Einrichtung des Militärstützpunktes noch aus einem anderen Grund wichtig, über den allerdings nichts im Vertrag steht. Die Basis verschafft den USA die militärisch-strategische Kontrolle über das karibische Meer und Mittelamerika. Im November 1903 besetzen US-Truppen die damals noch zu Kolumbien gehörende Provinz Panama und erklären sie zu einem unabhängigen Staat. Mit dieser Aktion erringen sie die Kontrolle über eine Zone, die zum Bau des 1914 eröffneten Verbindungskanals zwischen Atlantik und Pazifik vorgesehen ist. Die Expansionspläne der USA auch nach Asien machen es erforderlich, eine Möglichkeit zu schaffen, um US-Kriegsschiffe schneller zwischen den beiden Ozeanen bewegen zu können.

10 Norman Paech, emeritierter Professor für Völkerrecht an der Universität Hamburg, schreibt: »Die ursprüngliche militärische Bedeutung des Stützpunktes für die USA als Nachschubbasis für den Kohle-, Wasser- und Munitionsbedarf der Dampfschiffe der US-Flotte ist mit Ende der Dampfschifffahrt schon lange weggefallen. Im Wiener Abkommen über das Recht der Verträge (WRV) ist eine ›clausula

den im Januar 2015 aufgenommenen Verhandlungen mit den USA ist die Rückgabe des von den USA seit 1903 besetzten Gebietes in der Bucht von Guantánamo für Kuba eine der Voraussetzungen zur Normalisierung der Beziehungen.

Land ohne Souveränität

Am 20. Mai 1902 wird die Republik Kuba ausgerufen. Doch da ihr die Souveränität fehlt, wird sie zur Karikatur. Zum ersten Präsidenten der Pseudo-Republik wurde bereits am 31. Dezember 1901 – auf Wunsch Washingtons und ohne Gegenkandidaten – Tomás Estrada Palma »gewählt«. Der ist zwar in Manzanillo (Kuba) geboren, aber mittlerweile US-Staatsbürger mit Wohnsitz in den USA. Um Präsident Kubas zu werden, gibt er die US-amerikanische Staatsbürgerschaft wieder zurück. Auch seine Wiederwahl erfolgt im Mai 1906 ohne Gegenkandidaten. Aus Protest gegen diese Farce gehen immer mehr Kubaner auf die Straße. Als die Unruhen seine Macht gefährden, bittet Palma die USA um Intervention und tritt im September zurück. Daraufhin rückt US-Kriegsminister W. H. Taft mit zwei Kriegsschiffen und 5.600 Marineinfanteristen an. Am 1. Oktober 1906 übernimmt Taft die Regierung auf Kuba.

---

rebus sic stantibus‹ kodifiziert, die zur Beendigung des Vertrages berechtigt, wenn eine grundlegende, nicht voraussehbare Veränderung von Umständen vorliegt, die beim Vertragsschluss gegeben waren. Da die ursprüngliche Nutzung des Stützpunktes in relativer Nähe US-amerikanischer Häfen durch die technische Entwicklung entfallen ist, kann sich Kuba auf den Wegfall der Geschäftsgrundlage berufen. Doch nicht nur das. Die aktuelle Nutzung von Guantánamo Bay vor allem als Haftanstalt für angebliche Terroristen stellt eine erhebliche Verletzung des ursprünglichen Vertrags dar. Sie ermöglicht eine Beendigung des Vertrages nach Artikel 60 I WRV als Reaktion. Die allgemein geforderte restriktive Auslegung von Artikel 60 WRV erlaubt eine Beendigung des Vertrages nur bei einer erheblichen Verletzung. Doch was könnte eine ›erhebliche Verletzung‹ des Pachtvertrages begründen, wenn nicht diese krass menschenrechtswidrigen Umstände und Bedingungen des ganzen Gefängniskomplexes?« (Norman Paech: Guantánamo und kein Ende, in: Ossietzky 1/2015)

Erst mit dem Amtsantritt des zweiten, ebenfalls von Washington gesponserten Präsidenten José Miguel Gómez wird der US-Militäreinsatz im Januar 1909 beendet. Während seiner bis 1913 dauernden Präsidentschaft leitet Gómez rund acht Millionen Dollar aus dem Staatshaushalt in seine Privatfirmen. Aus Angst vor dem Einfluss der früheren Sklaven und ihrer Nachkommen leitet er die Ausgrenzung der dunkelhäutigen Bevölkerung in der kubanischen Gesellschaft ein. Gómez entfacht eine rassistische Bewegung, die dazu führt, dass viele Schwarze, die im Unabhängigkeitskrieg gegen Spanien gekämpft haben, von Angehörigen der Armee ermordet werden. Sein Nachfolger, Präsident Mario García Menocal (1913–1921), hatte im zweiten Unabhängigkeitskrieg gegen die spanische Kolonialherrschaft gekämpft, sich danach aber – als Besitzer einer der größten Zuckermühlen des Landes – eng mit den Interessen der US-Konzerne verbunden. Als 1916 der den USA zunächst nicht genehme Plantagenbesitzer Alfredo Zayas y Alfonso die Präsidentschaftswahl knapp gegen General Menocal gewinnt, intervenieren die USA von Guantánamo aus militärisch, um zu verhindern, dass er Präsident wird. Menocal bleibt – dank US-Intervention – an der Macht. 1921 wird Zayas jedoch erneut gewählt. Washington ist »not amused«, lässt die Entscheidung diesmal aber gelten. Der unter scharfe Beobachtung gestellte Präsident muss dem US-amerikanischen Protektor General Enoch Crowder allerdings sein gesamtes Kabinett zur Genehmigung vorlegen. Ihm folgt Gerardo Machado (1925–1933), ein Geschäftsmann und Lobbyist der US-Firmen ITT und General Electric, die sich seine »Wahl« gut eine Million Dollar kosten lassen. Er vertritt gnadenlos die Interessen der US-Konzerne. Der als »Schlächter« bezeichnete Machado entwickelt sich zum brutalen Diktator und flieht später ins Land seiner Geldgeber, nach Miami. Es gibt in dieser Zeit nicht einmal mehr den Versuch, die Vorherrschaft der USA zu kaschieren. Das tatsächliche Sagen in Kuba haben nicht die Präsidenten, die oft lediglich als

Marionetten Washingtons agieren, sondern die Repräsentanten der USA in Havanna, die sich damit auch noch in aller Öffentlichkeit brüsten. 1960 erklärte der frühere US-Botschafter in Kuba, Earl Smith, vor einem Unterausschuss des Senats: »Bis zur Machtübernahme durch Castro war der Einfluss der Vereinigten Staaten so erheblich, dass der nordamerikanische Botschafter die zweitwichtigste Persönlichkeit im Lande war, deren Bedeutung manchmal sogar die des kubanischen Präsidenten überwog« (vgl. Galeano, S. 86). Bis 1959 ist Kuba – ob unter spanischem oder US-amerikanischem Einfluss – weder eine souveräne Republik noch eine Demokratie. Je mehr die US-Konzerne das Land in Besitz nehmen, desto unerbittlicher prägen Ausbeutung, Korruption, Rassismus und Gewalt den Alltag der immer stärker verarmenden Bevölkerung.

In den 1930er Jahren bilden sich als Gegenbewegung dazu breite Bündnisse heraus, die Studenten, Intellektuelle und Arbeiter in den Städten ebenso wie Landarbeiter umfassen. Die »Zeit der Volksfronten« (Castro/Ramonet, S. 63) ist geprägt von Streiks, Studentenprotesten und Aktionen landloser Bauern, die vereinzelt sogar Ländereien besetzen. 1940 wird aus dieser Stimmung heraus mit Fulgencio Batista erstmals ein Mann aus einfachen Verhältnissen, aus dem »armen Osten« des Landes, zum Präsidenten gewählt.

In seiner ersten Amtszeit (1940–1944) stützt sich Batista auf eine Parteienallianz, der auch die Kommunisten angehören. Kuba nimmt in dieser Zeit diplomatische Beziehungen zur Sowjetunion auf und tritt der Anti-Hitler-Koalition bei. Die Verfassung von 1940, die als fortschrittlichste Lateinamerikas galt, führt eine Reihe sozialer Verbesserungen wie den Acht-Stunden-Tag ein.

Acht Jahre nach dem Ende seiner ersten Amtszeit stürzt Batista 1952 – gestützt auf das Militär – den korrupten Präsidenten Carlos Prío, setzt die Verfassung außer Kraft und errichtet während seiner zweiten Amtszeit eine blutige Diktatur.

4.
Bordell im Hinterhof

Während die USA ihren Hinterhof politisch und militärisch mehr mit der Peitsche als mit Zuckerbrot in Schach halten, lassen die prüden Puritaner aus dem Norden dort zugleich die Puppen tanzen. Auf der nur 90 Meilen entfernten Insel ist alles erlaubt, was religiös-fanatische Sittenwächter und bigotte Politiker auf dem Festland verbieten. Kuba wird zum Bordell, ein Tummelplatz für Perverse, für Junkies und Alkoholiker, in dessen Spielhöllen mit Drogen gedealt und junge einheimische Frauen ohne Angst vor Verfolgung oder Strafe belästigt, beleidigt, betatscht und vergewaltigt werden können. Havanna, ohnehin bereits ein Eldorado für Waffenschieber, Trickbetrüger, Diebe und Zuhälter, wird zu einem Paradies für die Mafia. In Kuba ist das Laster straflos und billig. Unter der Schreckensherrschaft der Diktatoren Gerardo Machado und Fulgencio Batista[11], die sich persönlich in bis dahin nicht gekanntem Ausmaß bereichern, genießen die eingeflogenen Glamourgäste aus Chicago, New York und Miami jede Nacht eine Mordsstimmung unter Palmen. Doch nicht nur Zocker, Partyvolk und Mafiabosse, auch die Manager der US-Konzerne sind im Rausch. Das Kapital gibt in Kuba richtig Gas.

US-Monopole übernehmen die Wirtschaft

Schon mit dem Jahrhundertwechsel hat sich – seit 1800 – die monokulturelle Plantagenproduktion von Zucker durchgesetzt. Zunächst wird für den Bedarf des spanischen, zunehmend aber auch für den des US-amerikanischen Marktes produziert. Der Export Kubas in die USA steigt von 42 Prozent der Gesamtausfuhren im Jahr 1859 auf 84 Prozent im Jahr 1894. Fünf Jahre später wird die bereits entwickelte ökonomische Abhängigkeit auch zur politischen (Nohlen/Nuscheler, S. 481). Die

11 Dies bezieht sich auf die zweite Amtszeit.

Konzerne nutzen ihre neuen Möglichkeiten unter der US-Militärherrschaft. Durch die »Platt-Klausel« geschützt, nehmen die Kapitalinvestitionen aus den USA schnell zu. Im Jahr 1897 beträgt die Summe der US-amerikanischen Anlagen in Kuba noch 435 Millionen Dollar. 1905 ist sie bereits auf mehr als das 4,2-Fache gestiegen und erreicht 1.841 Millionen Dollar. Die ökonomische Expansion der US-Monopole wird 1903 in einem Knebelvertrag, »Vertrag über Gegenseitigkeit« oder »Reziprozitätsabkommen« genannt, verankert. Darin gewähren die USA Vorzugskonditionen für die Einfuhr kubanischen Rohzuckers. Kuba verpflichtet sich im Gegenzug, seine Märkte für US-amerikanische Waren zu öffnen und gesteht Zollpräferenzen für die Einfuhr von Fertigwarenprodukten zu. Das beschleunigt die Konzentration des kubanischen Außenhandels in den Händen eines einzigen Landes, den USA. Im Jahr 1913 entfallen von der Gesamtsumme des kubanischen Außenhandelsumsatzes (Importe und Exporte) in Höhe von 340 Millionen Dollar allein 300 Millionen Dollar auf den Handel mit den USA. Für die US-Regierung ist das »Reziprozitätsabkommen« ein Instrument, um die Konkurrenten der US-Monopole vom kubanischen Markt fernzuhalten oder zu verdrängen. Zugleich werden die Anfänge einer eigenständigen Industrialisierung Kubas im Keim erstickt, da die dortigen kleinen Handwerks- und Industriebetriebe gegen den nordamerikanischen Konkurrenzdruck keine Chance haben (vgl. Grinewitsch, S. 41).

Der Erste Weltkrieg ist für Spekulanten und US-Konzerne auch in Kuba ein Bombengeschäft. Weil die Produktion von Rübenzucker in Europa fast eingestellt und in den USA deutlich zurückgegangen ist, steigt die Nachfrage nach kubanischem Zucker. Auf der Insel bricht ein Zuckerboom aus, der 1920 seinen Höhepunkt erreicht. US-Monopole und einheimische Zuckerindustrielle steigern die Produktion unaufhörlich. Zu Beginn des Krieges werden 1914 insgesamt 2.599.932 Tonnen Zucker produziert; im Jahr 1919 sind es bereits 4.009.734 Tonnen. Zugleich steigt der Zuckerpreis auf dem Weltmarkt. Im Jahr 1914 kostet ein Pfund Rohzucker etwa 2 Cents, Ende 1919 müssen für ein Pfund kubanischen Zucker 22,5 Cents bezahlt werden. Das Land ist vom »Zuckerfieber« gepackt. Riesige Wälder werden niedergebrannt, der Anbau anderer landwirtschaftlicher Kulturen reduziert und stattdessen immer neue Zuckerrohrplantagen angelegt. Das führt zu einer drastischen Verknappung von Nahrungsmitteln in Kuba, die Lebenshaltungskosten steigen. Schlecht für das einfache Volk, aber phantastisch für Spekulanten. Auch die US-Monopole machen ihren Profit. Die Periode des Zuckerbooms geht unter dem irreführenden Namen »Tanz der Millionen« in die Geschichte Kubas ein, treffender wäre »Tanz der Millionäre«. Denn wenige Aktionäre von US-Konzernen und einheimische Großgrundbesitzer können zwar ihre Millionenvermögen vervielfachen, doch der Mehrheit des Volkes bleibt auch im Boom kaum genug zum Überleben.

Nicht nur Kubas Zucker gehört jetzt den USA, sondern auch seine Bodenschätze. Nickel, Eisen, Kupfer, Mangan, Chrom und Wolfram, aus Kubas Erde geholt, bilden nun einen Teil der strategischen Reserven der Vereinigten Staaten. US-Unternehmen fördern und verarbeiten die Erze je nach den schwankenden Bedürfnissen des Militärs und der Industrie ihres Landes. Im Jahr 1958 besitzen US-Kapitalgesellschaften 90 Prozent der Bergwerke bzw. Schürfrechte. Doch noch immer sind die US-Konzerne vor allem am Zucker interessiert. Die große Party der Konzerne, Plantagenbesitzer und Spekulanten ist jedoch nicht von langer Dauer. Nach dem Ende des Ersten Weltkriegs bricht die Nachfrage nach kubanischem Zucker ein. Ab 1920 sinken die Preise auf dem Weltmarkt. In den Jahren 1920/21 bringt eine Rezession in den USA die auf Monokultur beruhende Wirtschaft Kubas an den Rand des Bankrotts. Viele Unternehmen halten nicht durch und gehen in den Besitz US-amerikanischer Banken über. Ruinierte kubanische Betriebe und Geldinstitute geraten unter die Kontrolle mächtiger US-Konzerne. Nordamerika »hilft« mit einem Kredit von 50 Millionen Dollar und verstärkt die Kontrolle über das Land, unter dem Vorwand, die Verwendung der Geldsummen zu überwachen. Die von den Vereinigten Staaten ausgehende Weltwirtschaftskrise der Jahre 1929 bis 1933 versetzt der mittlerweile total abhängigen Wirtschaft auf der Insel einen weiteren Schlag. Die Zuckerproduktion sinkt von rund 5 Millionen Tonnen im Jahr 1929 auf 2 Millionen im Jahr 1933, der Zuckerpreis fällt auf weniger als einen Cent. Einige Jahre später sind gut 70 Prozent der gesamten Zuckerindustrie Kubas unter der Kontrolle des US-Kapitals. In den folgenden Jahren verstärkt sich die wirtschaftliche Abhängigkeit vom nördlichen Nachbarn noch weiter. Die kubanischen Zuckerbarone stört es nicht, sie haben auf Lebzeit ausgesorgt. Und auch an der Wall Street ist man mit den Gewinnen, die aus und mit Kuba erzielt werden, mehr als zufrieden. »Die Fleischwölfe, durch die unsere Menschen gedreht werden, sind nur ein Teil des internationalen Räderwerks«, schreibt der uruguayische Autor Eduardo Galeano (vgl. Galeano, S. XII).

Auch nach der Weltwirtschaftskrise gelingt es nicht, die ökonomische Abhängigkeit zu verringern. Im Dezember 1941 erklärt Kuba – gemeinsam mit den USA – Deutschland, Italien und Japan den Krieg. Praktisch läuft die Teilnahme Kubas am Krieg aber vor allem »auf die Lieferung militärisch-strategischer Rohstoffe« in die USA hinaus (Grinewitsch, S. 63).

Das Volk zahlt die Zeche

Die Krisen treffen die hunger- und seuchengeplagte kubanische Bevölkerung, die schon während der Boomjahre durch steigende Lebenshaltungskosten gebeutelt wurde, hart. Wer als Mitglied der kleinen einheimischen Oligarchie, der korrupten politischen Kaste oder des Unterdrückungsapparats zum Kreis der Begünstigten gehört, lebt in Saus und Braus, der Rest vegetiert im Schatten. Millionen Kubaner sind Ende der 1950er Jahre völlig oder teilweise arbeitslos. Für die Mehrheit der Menschen gibt es keine Schulen, keine ärztliche Versorgung und keinen Zugang zu sauberem Wasser.

Für einen Europäer ist es schwierig, sich eine Vorstellung von den Bedingungen zu machen, unter denen die kubanische Bevölkerung bis 1959 lebt. »Die eigene Erfahrung liefert nichts Vergleichbares, und man kann nur versuchen, diese Lebensbedingungen zu verstehen, indem man sie nach dem Maßstab der sozialen Verhältnisse des eigenen Landes ins Auge fasst«, schreibt der französische Romancier Robert Merle (Merle, S. 72). Er beschreibt, was eine Situation wie die Kubas im Jahr 1958 für die Gesellschaft in Frankreich bedeuten würde. Überträgt man seine Berechnungen auf die heutige Bundesrepublik, ergibt sich ein deprimierendes Bild. Wenn hierzulande Verhältnisse wie in Kuba vor dem Sieg der Revolution herrschten, dann wären von den 81 Millionen Einwohnern der Bundesrepublik (Stand: September 2014) 41,5 Millionen ohne Wasser und Elektrizität, 28 Millionen lebten in Elendshütten, knapp 19 Millionen wären Analphabeten und 9,5 Millionen arbeitslos. Hätten wir heute zwischen Flensburg, Greifswald, Emden und Konstanz eine Situation wie im Kuba des Jahres 1958, würde das bedeuten, dass 50 Prozent der Kinder nicht eingeschult wären, dass ein beträchtlicher Teil der Erwachsenen unter 30 Jahren an Hungerkrankheiten wie Anämie, Rachitis und Tuberkulose zugrunde gehen würde und viele Kinder durch Unterernährung und Infektionskrankheiten zu einem frühen Tod verurteilt wären. 1958 besitzen über 70 Prozent der Bauern in Kuba keinen Quadratzentimeter eigenes Land, die »Macheteros« (Zuckerrohrschläger) auf den Feldern der US-Konzerne und der Großgrundbesitzer haben ohnehin nichts. Viele arme »Guajiros« (Bauern) werden zudem von habgierigen Latifundienbesitzern mit Hilfe von korrupten Beamten und skrupellosen Richtern noch um das Wenige gebracht, das sie bisher vor dem Verhungern bewahrt hat. Das Elend in den Slums nimmt zu, und die ausweglosen Lebensverhältnisse zwingen viele Kubaner zu Handlungen, die sie selbst verabscheuen und derer sie sich schämen. In den Straßen geben Schieber, Gauner, Trickbetrüger, Spitzel, Denunzianten, Huren und deren schmierige Zuhälter den Ton an. Da der Bedarf an käuflichen Damen größer ist als der an Industriearbeitern, gibt es in den unzähligen Bars, Cabarets und Spielhöllen Kubas in den 1950er Jahren mehr Prostituierte als Werktätige in den Fabriken.

Dauerparty im Terror-Regime

Angesichts der Not, des Widerstandsgeistes und der revolutionären Tradition großer Teile des Volkes lässt sich das Eigentum der Konzerne und wohlhabenden Bürger aus den USA in Kuba nur mit drastischen Maßnahmen sichern. Brutale Polizeieinsätze, Folter von Verhafteten und Erschießung von Oppositionellen auf offener Straße können die Partystimmung aber nicht trüben. Das Havanna der 1940er und 1950er Jahre erstrahlt im Licht der Luxushotels, Cadillacs rollen über die Prachtalleen in Vedado und Miramar, die Vergnügen suchenden US-Bürger erliegen dem Reiz der Salsa-, Mambo- und Rumba-Rhythmen. Die »Yumas«, wie sie hier genannt werden, stört es sie dabei nicht, dass Schwarze in Hotels und Restaurants nur dann geduldet werden, wenn sie tanzen, singen, Toiletten putzen oder eine Serviette über dem Arm tragen. Die Yankees lieben die glitzernden Fassaden Havannas und nennen die – eigentlich kubanische – Metropole stolz ihr »Monte Carlo der Karibik«. Sie wollen es behalten, wie die Börsianer und Konzernchefs in den USA ihre Gewinne. Darum geht die Dauerparty auch unter den verschiedenen Diktatoren ungeniert weiter.

Besonders engagiert tritt der bereits erwähnte, 1925 mit Hilfe von ITT und General Electric ins Amt gelangte Präsident Gerardo Machado für die »westlichen Werte« ein. Er vertritt die Interessen der großen Zuckerplantagen-Besitzer und der US-amerikanischen Elektroindustrie. Einmal an die Spitze gelangt, entmachtet Machado nach und nach alle politischen Institutionen, die seine Macht beschränken, und etabliert eine auf das Militär gestützte grausame Diktatur. Über Kuba senkt sich eine Nacht, die für die Mehrheit des Volkes nicht durch die Glitzerwelt der Casinos erhellt wird. Machado duldet keine abweichende Meinung. Die oppositionelle Presse wird verboten. Auf jeden Protest folgen gnadenlose Racheakte. In Ciego de Avila (Provinz Camagüey) tragen eines Morgens alle Bäume einer Allee einen Erhängten (vgl. Merle, S. 41). Die Unterdrückung schürt den Widerstand der Arbeiter, Bauern und Studenten, der schließlich sogar in den Kasernen unterstützt wird. Der Diktator will den Aufstand niederschlagen, doch der neue US-Präsident Franklin D. Roosevelt fürchtet, dass Machado dem Ansehen der USA schadet, und entzieht ihm seine schützende Hand. Im August 1933 wird das Regime von einer breiten Volksbewegung mit einem Generalstreik gestürzt. Machado, der »Präsident der 1.000 Mörder«, packt mit Duldung der USA Gold, Geld und Wertsachen zusammen und geht ins Exil. Die Verbrechen des »Schlächters«, der 1939 in Miami friedlich stirbt, bleiben ungestraft. Für seine Opfer und die kubanischen Oppositionellen, die ihn gestürzt haben, eine weitere Demütigung durch die USA.

Washington schickt Kriegsschiffe und Marines nach Havanna. Bis Ende Januar 1934 hält sich die US-Atlantikflotte, darunter das Schlachtschiff USS Missouri, in kubanischen Gewässern auf, um intervenieren und Einfluss auf die Regierungsbildung in Kuba nehmen zu können. Die Kanonenbootpolitik der USA garantiert in den folgenden Jahren, dass die wechselnden Präsidenten Kubas nach Washingtons Pfeife tanzen. Das bleibt auch so, als Fulgencio Batista 1952 mit einem Militärputsch nach der Macht greift. Sein erster Gang nach dem Staatsstreich ist ein Freundschaftsbesuch beim US-Botschafter. Als eine der ersten »Maßnahmen« setzt Batista die fortschrittliche Verfassung von 1940 außer Kraft. Bestürzt begreifen die Kubaner, dass nach dem Zwischenspiel der 1940er Jahre eine neue Diktatur beginnt. Trotzdem erkennt US-Präsident Harry S. Truman das Regime nur 17 Tage nach dem Militärputsch an und sichert wirtschaftliche und militärische Unterstützung zu. Zuvor hatte Trumans Botschafter in Havanna dem Putschisten zu verstehen gegeben, dass Washington nur einen Antikommunisten und Förderer des US-Privatkapitals an der Spitze Kubas akzeptiert. Truman hält diese Klarstellung für nötig, da Batista während seiner ersten, durch Wahl erreichten, Präsidentschaft (1940–1944) auch zwei Mitglieder der Kommunistischen Partei[12] ins Regierungskabinett berufen hatte. Das bleibt zwar ohne Folgen, doch die Zeiten haben sich geändert. Senator J. McCarthy startet 1950 in den USA eine antikommunistische Hexenjagd, die auch Washingtons Außenpolitik beeinflusst.

Batista hat verstanden. Er beauftragt den berüchtigten Geheimdienst »Servicio de Intelligencia Militar« (SIM), jedwede Opposition zum Schweigen zu bringen. Der SIM ist zugleich Polizei, Gerichtsbarkeit und Scharfrichter. Mit Billigung Washingtons errichtet Batista in Kuba ein repressiv-reaktionäres, US-freundliches Terrorregime, das alle vorangegangenen in den Schatten stellt. Um die Namen von Oppositionellen zu erfahren, lässt er Gefangenen durch seine SIM-Schergen die Fingernägel ausreißen, sie bei vollem Bewusstsein kastrieren, den Kopf bis zum Ertrinken unter Wasser drücken oder ihre Füße in Säure baden. Sogar westliche Zeitungen berichten in dieser Zeit angewidert darüber, dass politische Gegner mit ansehen müssen, wie ihre Frauen von Polizisten vergewaltigt werden. Zwischen dem Putsch im März 1952 und seiner Flucht aus Kuba zum Jahresende 1958 lässt Batista, Schätzungen zufolge, rund 20.000 Menschen umbringen. Zur Abschreckung bleiben die Ermordeten oft tagelang in den Straßen liegen. Die Partylaune in den Mafia-Casinos leidet darunter ebenso wenig wie das Gewissen der Diplomaten, Politiker und Geschäftsleute aus den USA, die Havanna zu Tausenden bevölkern.

---

12 Einer von ihnen, Carlos Rafael Rodríguez (1913–1997), wird 1976 zum Vizepräsidenten Kubas gewählt.

Der Widerstand wächst

Trotz des Terrors nimmt der Protest, der nach dem Militärputsch begann, unaufhörlich zu. Ein 26-jähriger Rechtsanwalt mit dem Namen Dr. Fidel Castro Ruz klagt Batista vor dem Obersten Gerichtshof an und verlangt seine sofortige Verhaftung und Verurteilung wegen Verfassungsbruchs. Der junge Advokat rechnet vor, dass die im Strafgesetzbuch vorgeschriebenen Strafen sich im Fall der Handlungen Batistas auf über 100 Jahre Gefängnis addieren. Die Klage wird abgewiesen. Castro erklärt daraufhin, dass nach Ausschöpfung aller legalen Mittel nun das in der Verfassung verankerte Widerstandsrecht in Kraft getreten sei. Er ruft zum gewaltsamen Sturz des Diktators auf. Da keine Zeitung es wagt, den Aufruf zu veröffentlichen, stellt Fidel Castro selbst mit Hilfe seines Bruders Raúl und des revolutionären Druckers Nico López auf einer Vervielfältigungsmaschine 500 Exemplare her, in der Erwartung, damit die Proteste zu verstärken. Die Chancen dafür stehen gut.

Der alte Mambi-Geist ist in Kuba nicht erloschen. Seit der Unabhängigkeit von Spanien gründen unterschiedliche Gruppen neue politische Organisationen, Parteien und Verbände, die ihre Interessen artikulieren. Schwarze Ex-Sklaven organisieren sich ebenso wie Intellektuelle, Künstler, Schriftsteller und Frauen. Gewerkschaften, Bauernverbände, Jugendorganisationen und revolutionäre Gruppen, die Martís Ziele um ideologische Elemente der Arbeiterbewegung erweitern, werden gegründet. Auch viele Studenten sind politisch aktiv. Ihr bekanntester Anführer in den 1920er Jahren ist Julio Antonio Mella. Er gibt die Studentenzeitschrift »Alma Mater« heraus und setzt unter dem Namen »Volksuniversität José Martí« ein Konzept durch, nach dem erstmals Arbeiter an Vorlesungen der Universität von Havanna teilnehmen dürfen. In den Abendstunden werden dazu Lehrveranstaltungen angesetzt, die von fortschrittlichen Professoren, Studenten, Intellektuellen und KP-Mitgliedern abgehalten werden. 1922 gründet Mella die

»Federación Estudiantil Universitaria« (FEU). Im August 1925 ist er eines der Gründungsmitglieder der »Kommunistischen Partei Kubas«[13]. Mella wird im November 1925 verhaftet und angeklagt, »terroristische Taten« begangen zu haben. Um weiterer Verfolgung zu entgehen, flieht er nach Mexiko. 1929 wird er von Agenten des Diktators Gerardo Machado auf offener Straße ermordet.

Der Studentenverband FEU ist Motor der intellektuellen Widerstandsbewegung. Daneben spielt die »Nationale Arbeiterkonföderation Kubas« (Confederación Nacional Obrera de Cuba, CNOC), ein 1920 von dem Arbeiterführer Alfredo López in Camagüey gegründeter, marxistisch orientierter Gewerkschaftszusammenschluss, eine immer bedeutendere Rolle. Die CNOC organisiert erfolgreiche Streiks, unter anderem 1933 den Generalstreik, der zum Sturz Machados führt und 1935 einen landesweiten Ausstand der Zuckerarbeiter. 1939 beschließen 1.500 Delegierte, die 800 Gewerkschaften mit 500.000 Mitgliedern vertreten, ihre Vereinigung zur »Konföderation der Arbeiter Kubas« (Confederación de Trabajadores de Cuba, CTC). Trotz Verfolgung von Aktivisten erkämpft die kubanische Arbeiterorganisation den Acht-Stunden-Tag für Frauen und setzt weitere Forderungen durch. Doch der Preis für die Erfolge ist hoch. Von 1920 bis 1958 werden hunderte Gewerkschaftsmitglieder verhaftet, eingesperrt, gefoltert und ermordet. Das U.S. Department of State hilft dem Diktator bei der Niederschlagung von Streiks. Batista schleust korrupte Opportunisten in die Gewerkschaft ein, die nach und nach fast alle Bereiche kontrollieren. Wer nicht kuscht, wird umgebracht, ehrlich engagierte Arbeitervertreter schweben ständig in Lebensgefahr. Die Verfolgung der Gewerkschafter ändert sich erst mit dem Erfolg

---

13 Mit rund 90.000 Mitgliedern ist sie 1940 bereits eine der zahlenmäßig stärksten kommunistischen Parteien Lateinamerikas. 1944 wird sie in »Sozialistische Volkspartei« (Partido Socialista Popular, PSP) umbenannt.

der Revolution, die seit ihren Anfängen von der Gewerkschaftsbewegung unterstützt und getragen wird.

Im Sommer 1939 tagt der erste Bauernkongress des Landes, auf dem der Nationale Bauernverband gegründet wird. Wenig erfolgreich sind zunächst die von der Kommunistischen Partei 1928 gegründete »Kommunistische Jugendliga« (Liga Juvenil Comunista) und die 1931 aufgebaute »Liga der Pioniere Kubas«. Beide lösen sich gut fünf Jahre nach ihrer Gründung wieder auf. Erst 1944 gelingt es der PSP mit Gründung der »Sozialistischen Jugend« (Juventud Socialista), der seit 1953 auch der heutige Präsident Raúl Castro angehört, bei jungen Leuten etwas Einfluss zu gewinnen. »Das einzige wirklich revolutionäre und antiimperialistische Programm war das der … Kommunistischen Partei«, schreibt sein älterer Bruder Fidel später, fügt aber kritisch hinzu: Sie »blieb isoliert« (Castro, Der strategische Sieg, S. 21). Obwohl die Proteste zunehmen und etliche Organisationen Strukturen für den politischen Kampf anbieten, gelingt es nicht, eine einige, schlagkräftige und revolutionäre Volksbewegung zu entwickeln. »Unter den vielen tausend Studenten … gab es nicht mehr als 50 oder 60 bewusste Antiimperialisten und militante Kommunisten. … Selbst ich, ein begeisterter Verfechter der Proteste gegen die Regierung, fühlte mich von anderen Werten bewegt, die, wie ich später verstand, noch entfernt waren von dem revolutionären Bewusstsein, das ich danach erwarb«, bekennt Fidel Castro (a. a. O.), der sich in dieser Zeit noch in der von Eduardo Chibás 1947 gegründeten sozialreformistischen »Orthodoxen Partei« engagiert. Aktionen der Opposition werden oft mangelhaft vorbereitet, ihre Durchführung kaum koordiniert, die einzelnen Gruppen sind zerstritten. Der Gegner schläft zudem nicht und betreibt die Spaltung der Protestbewegung.

Ein »Movimiento« entsteht

In dieser Zeit reift in dem jungen Fidel Castro die Überzeugung heran, eine völlig neue Organisation mit entschlossenen, radikalen Mitgliedern aufzubauen. Er nennt sie vage »die Bewegung« (El Movimiento). Sie soll aus einem zivilen Teil für die politische Agitation mit Zeitungen, Flugblättern und Versammlungen, sowie aus einem militärischen Teil bestehen, dessen Aufgabe es ist, eine bewaffnete Streitmacht zur Destabilisierung und zum Sturz Batistas aufzustellen. Zu den führenden Köpfen gehören der 24-jährige Buchhalter Abel Santamaría und dessen Schwester Haydée. Innerhalb eines Jahres gelingt es Castro, etwa 1.200 Mitstreiter, die in mehr als 100 Zellen organisiert sind, für die Bewegung anzuwerben. Die Mitglieder, die nur über wenige und teils veraltete Waffen verfügen, wissen, dass sie ohne Mitwirkung der Massen nicht in der Lage sind, die Macht zu erobern. Aber sie wollen den vom Regime gepeinigten Menschen ein Signal geben und sie zum bewaffneten Kampf aufrufen. Ein erster Schritt für den Beginn einer Revolution soll unternommen werden. Der bis zum letzten Moment außer Fidel Castro nur fünf Mitgliedern der Bewegung bekannte Plan besteht darin, die Militärkaserne Moncada bei Santiago de Cuba im Oriente und zugleich den kleinen Militärposten Céspedes bei Bayamo, einer etwa 90 Kilometer von Santiago entfernt gelegenen Stadt anzugreifen.

5.
Kampf um die Würde des Volkes

Kubas »Oriente« ist im Hochsommer eine wahre Hölle aus schwüler Hitze, tropischen Regenfällen und Schwärmen von angriffslustigen Moskitos; die Temperaturen erreichen über 30 Grad, die Luftfeuchtigkeit beträgt 80 Prozent und die Gefahr von zerstörerischen Hurrikans nimmt zu. Von dieser Provinz sind die beiden großen Kriege der Kubaner für ihre Unabhängigkeit ausgegangen. Trotzdem ist das Land, seit Landung der Spanier, nicht einen Tag unabhängig gewesen. Und es sieht so aus, als würde dies so bleiben. Von einer Mission des »guten

Willens« durch verschiedene Staaten Lateinamerikas zurückgekehrt, gibt Milton Eisenhower, der Bruder des Präsidenten, am 26. Juli 1953 eine Pressekonferenz, auf der er als Fazit seiner Reise hervorhebt: »In unserer Hemisphäre hat der Kommunismus keine Chance.« Die Zuhörer sind beruhigt. Es ist der Tag, an dem in Korea ein dreijähriger Krieg zu Ende geht, mit dem Washington versucht hat, die Ausbreitung des Kommunismus in Asien zu verhindern.[14] In Lateinamerika ist das nicht nötig. Dort ist, wie Milton Eisenhower berichtet, alles unter Kontrolle. Trotzdem ist Kubas Diktator Fulgencio Batista, der im Juli 1953 seinen Urlaub in Varadero verbringt, wegen der anhaltend schlechten Stimmung besorgt. Aus Sicherheitsgründen verlässt er seine Yacht »Marta II« nicht für eine Minute. Es ist das Jahr, in dem José Martí 100 Jahre alt geworden wäre. Am 25. Juli 1953, einem Sonnabend, verlassen Fidel Castro und einige Genossen im Morgengrauen Havanna und fahren mit einem gemieteten Auto über Santa Clara in das rund 1.000 Kilometer entfernte Santiago de Cuba. Bei einem Zwischenstopp in Bayamo treffen sie Kampfgefährten, die am nächsten Tag die dortige Kaserne »Carlos Manuel de Céspedes« angreifen sollen. Am Abend erreicht Fidels Gruppe eine Farm im 16 Kilometer von Santiago entfernt gelegenen Ort Siboney, die den jungen Männern als Versteck dient.

Moncada: Die soziale Revolution beginnt

Am 26. Juli 1953 verlassen 16 Autos gegen 4.45 Uhr morgens die Finca und fahren im Konvoi nach Santiago de Cuba. In den Fahrzeugen sitzen 120 bewaffnete Rebellen, die zur Tarnung

14 Die USA werfen im Korea-Krieg 450.000 Tonnen Bomben ab, darunter 32.357 Tonnen Napalm. Rund vier Millionen Menschen werden getötet, davon der größte Teil in der Demokratischen Volksrepublik Korea. Nach dem Krieg geht das Töten weiter. Im Süden werden rund 300.000 Mitglieder der Kommunistischen Partei, mutmaßliche Sympathisanten und deren Familien, mit Kindern und Greisen, von südkoreanischen und US-Truppen ermordet.

Uniformen der Batista-Armee tragen. Zur gleichen Zeit machen sich 40 Kämpfer auf den Weg zur Kaserne in Bayamo, eine Handvoll bleibt auf der Finca. Um 5.15 Uhr greifen die Rebellen an, doch gegen mehrere hundert bis an die Zähne bewaffnete Soldaten haben die 165 Revolutionäre keine Chance. 61 von ihnen fallen im Gefecht, andere werden gefangen, gefoltert und hingerichtet, einige überleben. Obwohl der Versuch militärisch scheitert, gilt der Sturm auf die Moncada-Kaserne als Startsignal für die Kubanische Revolution. Fidel Castro selbst schränkt das bescheiden ein. Es wäre »nicht gerecht«, den Angriff so zu bezeichnen, sagt er, »denn die Kubanische Revolution begann mit dem ersten Unabhängigkeitskrieg 1868« (vgl. Castro/Ramonet, S. 149). Zweifelsfrei wird mit Moncada jedoch ein Zeichen für den Beginn der sozialen Revolution gesetzt. Nach deren Sieg wird der 26. Juli in Kuba zum Feiertag und zum »Tag der Nationalen Rebellion« erklärt.

Die Überlebenden müssen sich vor einem Militärtribunal verantworten. Am 16. Oktober 1953 klagt Fidel Castro in seiner berühmten Verteidigungsrede »Die Geschichte wird mich freisprechen« das Batista-Regime für die soziale Misere im Land an. Nicht der Angriff auf die Kasernen sei unbegreiflich, hält er den Militär-Richtern entgegen, sondern »dass hier Kinder leben, die medizinisch nicht betreut werden, dass 30 Prozent unserer Bauern ihren Namen nicht schreiben können und 99 Prozent von ihnen die Geschichte Kubas nicht kennen. Unvorstellbar ist, dass die Mehrheit der Familien auf dem Land unter schlechteren Bedingungen lebt als die Ureinwohner, die Kolumbus hier einst vorfand – im schönsten Land, das Menschenaugen je erblickt haben« (vgl. Castro, Die Geschichte ..., S. 51). Da Castro auch die Ziele der Rebellen und ihre Vorstellung von deren Umsetzung nach dem Sturz Batistas umreißt, gilt diese Rede als programmatisches Manifest der Revolution. Fidel Castro wird zu 15 Jahren Zuchthaus verurteilt, sein Bruder Raúl zu 13 Jahren, 26 weitere Gefährten werden ebenfalls langjährige Freiheitsstrafen auf der Isla de Pinos[15] zugesprochen. Am 15. Mai 1955 werden die »Moncadistas« jedoch im Rahmen einer Generalamnestie freigelassen. Geschart um Fidel Castro reorganisieren sie sich im Juni als »Bewegung des 26. Juli« (Movimiento 26 de Julio) mit den Farben Rot-Schwarz. Die als »M-26-7« abgekürzte Organisation entwickelt eine Strategie des bewaffneten Kampfes. Da sie wegen der ständigen Überwachung durch den Geheimdienst die Vorbereitungen dafür nicht in Kuba treffen können, geht eine Gruppe von Aktivisten im Juli 1955 nach Mexiko ins Exil. Dort trifft Fidel auf den argentinischen Arzt Ernesto »Che« Guevara, einen politisch gebildeten Revolutionär, der neben Bolívar und Martí auch Marx und Lenin studiert. Während die USA Batista »so diskret wie möglich«, aber kontinuierlich mit modernsten Waffen aufrüsten, organisiert Castro die finanzielle Unterstützung der mittlerweile im Guerillakampf trainierten Bewegung durch wohlhabende Batista-Gegner.

Zum ersten Mal unabhängig und souverän

Am 25. November 1956 stechen in der mexikanischen Hafenstadt Tuxpan 82 Männer, die keinerlei Ahnung von Navigation und Seemannschaft haben, auf der für nur 20 Passagiere ausgelegten Motoryacht »Granma« in See und nehmen Kurs auf Kuba. Am 2. Dezember, zwei Tage später als geplant, landet das überladene und vom Kurs abgekommene Boot in einem Mangrovensumpf an der Südküste der Provinz Oriente. Nach drei Tagen machen Batistas Jagdflugzeuge die Guerilleros bei Alegría de Pío aus, eröffnen das Feuer und bombardieren sie. Nur 15 von ihnen, darunter Fidel Castro, sein Bruder Raúl, Che Guevara, Juan Almeida Bosque sowie Camilo Cienfuegos überleben den Angriff und können sich in die Bergwälder der Sierra Maestra retten. Batista lässt Fidel Castro für tot erklären, da er ihn bereits als »Kopf der Bewegung« erkannt hat und seine wachsende Popula-

15 1978 umbenannt in »Isla de la Juventud« (Insel der Jugend).

rität fürchtet. In der Sierra fehlt es den »Barbudos«, den Bärtigen, fast an allem, doch die Meldung über ihre Landung verbreitet sich unter den unzufriedenen Bürgern des Landes wie ein Lauffeuer. Die Bauern sympathisieren mit den Rebellen, viele schließen sich ihnen an. Als eine der ersten meldet sich Celia Sánchez, Fidels spätere Beraterin. Die anfangs nur aus einigen hundert Kämpfern bestehende Guerillatruppe entreißt dem Diktator, der den größten Teil seiner 30.000-Mann-Armee in die Ostprovinz schicken muss, Stück für Stück die Herrschaft über immer mehr Gebiete. Zugleich unterstützen Untergrundgruppen in den Städten den Befreiungskampf. Als die Guerilleros die im Zentrum der Insel liegende Stadt Santa Clara erobern und die ersten von ihnen in Santiago de Cuba einziehen, verliert Batista, der fürchtet die ohnehin nur noch »diskret« gewährte Unterstützung der USA endgültig einzubüßen, die Nerven. Kurz vor der Silvesterfeier 1958 plündert der Diktator die Staatskasse und flieht mit dem Geld samt Familie in die Dominikanische Republik, wo ihn Diktator Rafael Trujillo mit offenen Armen aufnimmt.

Am 1. Januar 1959, genau fünf Jahre, fünf Monate und fünf Tage nach dem Sturm auf die Moncada-Kaserne, instruiert Fidel Castro über »Radio Rebelde« die Guerilla-Truppen im ganzen Land: »Ihr dürft keine Minute halt machen und keinen Waffenstillstand akzeptieren.« Che Guevara und Camilo Cienfuegos kämpfen mit zwei Kolonnen den Weg nach Havanna frei. Die »M-26-7« besetzt dort alle Polizeistationen. Fidel Castro nimmt mittlerweile Santiago de Cuba ein und hisst am 2. Januar 1959 die schwarz-rote Fahne der »Bewegung des 26. Juli« über der Kaserne Moncada. Nach dem Sieg im Oriente zieht er mit den Hauptkräften der Rebellenarmee im Triumph durch das ganze Land und marschiert mit Che, Camilo und anderen Comandantes an der Spitze der »Barbudos« am 8. Januar 1959 unter dem Jubel der Bevölkerung in die Hauptstadt ein. Kurz darauf übernimmt er den Posten des »Comandante en Jefe«, des Oberbefehlshabers über die Revolutionären Streitkräfte. Aus den Radios ertönt nicht mehr die Musik Frank Sinatras, sondern die Stimme des revolutionären Sängers Carlos Puebla[16]: »Se acabó la diversión, llegó el Comandante y mandó a parar.« (Das Vergnügen ist jetzt vorbei, der Comandante ist gekommen und hat ihnen Einhalt geboten.) Zum ersten Mal seitdem Besatzerstiefel im Oktober 1492 kubanischen Boden betraten, hat das Land die Chance, frei, unabhängig und souverän zu werden.

Die Mühen der Ebenen beginnen

Mit dem Sieg der Revolution verlässt Kuba den Katzentisch der Weltgeschichte. Nach mehr als 450 Jahren wird das kubanische Volk vom Objekt der Kolonial- und Besatzermächte zum Subjekt seiner eigenen Geschichte. Washington ist darüber, entgegen einer von manchen Historikern verbreiteten Legende, von Anfang an aufs Höchste alarmiert. Am 21. Januar 1959, drei Wochen nach dem Sieg der Revolution, gibt sich der Nationale Sicherheitsrat (NSC) der USA unter Präsident Dwight D. Eisenhower schon besorgt, dass »der Sieg Castros Schwierigkeiten für die lateinamerikanischen Diktatoren bringen könnte« (vgl. Schäfer, S. 105). Die US-Regierung registriert, dass die Entwicklung Kubas in Mittel- und Südamerika nicht nur von der Linken mit Sympathie verfolgt wird. Als Fidel Castro vom 23. bis 27. Januar 1959 Venezuela besucht, jubeln ihm auf der Plaza de Silencio in Caracas mehr als 300.000 Menschen begeistert zu. Im April 1959 reist er dann in die USA, wo er im New Yorker Central Park vor 35.000 Zuhörern spricht. Das beunruhigt nicht nur die CIA, sondern auch die ehemaligen Offiziere von Batistas Armee, Angehörige seiner Geheimpolizei, Folterer, Mörder und andere Kriminelle, die unter Mitnahme hunderter Millionen Dollar in die USA geflohen sind und sich meist in Miami niederlassen, um von dort die Konterrevolution zu organisieren. Nicht einer

16 Weltweit bekannt wird Carlos Puebla durch das 1965 von ihm zu Ehren Che Guevaras komponierte Lied: »¡Hasta Siempre, Comandante!«

von ihnen muss sich in den USA wegen der unter Batista begangenen Verbrechen verantworten. Während Washington bereits in Stellung geht, ist die Regierung in Moskau noch nicht sicher, was sie von der Revolte im Hinterhof der USA halten soll. Auch die DDR ist überfordert, wie der spätere Ministerpräsident Hans Modrow zu berichten weiß. »Für die Generation von Walter Ulbricht gab es ja in Kuba bereits eine Kommunistische Partei. Deshalb konnten seine Jahrgänge mit den langhaarigen, bärtigen, jungen Rebellen, die dort plötzlich auftauchten, zunächst nicht allzu viel anfangen. Also wartete man erst einmal ab, wie sich die Dinge entwickeln würden. Die offizielle Kommunistische und Arbeiterbewegung suchte noch nach ihrer Position«, erinnert Modrow, der damals Sekretär im Zentralrat der FDJ war (vgl. Hermsdorf/Modrow, S. 31).

Für die im Kampf erfahrenen, aber in der Politik unbeleckten Guerilleros beginnt nach ihrem Sieg das, was Bertolt Brecht als »Mühen der Ebenen« bezeichnet, nämlich »der Aufbau einer neuen Gesellschaftsordnung, welche die Lehren aus der Geschichte ziehen sollte«. Die groben Ziele der Bewegung hatte Fidel Castro bereits in der Verteidigungsrede im Moncada-Prozess umrissen. Im mexikanischen Exil entwerfen die Revolutionäre ein »Regierungsprogramm« für den Fall ihrer Machtübernahme, das unter anderem folgende Punkte enthält: Aufteilung der großen, zum Teil im US-Besitz befindlichen, Zuckerrohr- und Tabakplantagen, Konfiszierung aller durch eine korrupte Regierung erworbenen Vermögen, Verstaatlichung der mit US-Kapital finanzierten Versorgungsbetriebe sowie die Übergabe von 30 Prozent der Industrieunternehmen an kubanische Arbeiter. Zudem sollen »martianische« Ideale, wie Bildung, Gesundheitsversorgung und Teilhabe an Kultur und Sport als Voraussetzungen für ein Leben in Würde, für alle Kubaner umgesetzt werden. Schnell wird deutlich, dass dies mit den bestehenden Wirtschaftsstrukturen und dem politischen System nicht zu erreichen ist. Im Februar 1959 wird eine neue Verfassung erlassen, die den Transformationsprozess erleichtern soll. »Wenn eine Revolution von 1868 mit der Befreiung der Sklaven beginnen musste, hatte eine Revolution von 1959 die Pflicht, die Gesellschaft von jenem Monopol zu befreien, kraft dessen eine Minderheit den Menschen ausbeutete. Und die Ausbeutung des Menschen durch den Menschen zu beseitigen bedeutet, das Recht auf den Besitz jener Güter zu beseitigen, die der ganzen Gesellschaft gehören und gehören müssen«, schreibt Fidel Castro (zitiert nach Grau, S. 39). Gestützt auf die bewaffnete Macht des Volkes übernimmt er am 16. Februar 1959 die Position des Ministerpräsidenten der revolutionären Regierung.

Im Volk wird in dieser Zeit die Forderung nach Bestrafung der Folterknechte und anderer Schergen des verhassten Batista-Regimes immer lauter. Bereits am 22. Januar 1959 versammeln sich rund eine Million Kubaner zur ersten großen Massendemonstration nach dem Sieg vor dem ehemaligen Präsidentenpalast und verlangen die Abrechnung der revolutionären Justiz mit den Mördern der Diktatur. Die Verantwortlichen fürchten, dass sich Szenen wie nach dem Sturz des Diktators Machado im Jahr 1933 wiederholen, als dessen Leute von wütenden Volksmassen aus ihren Häusern geholt und durch die Straßen geschleift worden waren. Über Radiosender werden die Bürger vor derartigen Reaktionen gewarnt, und es wird ihnen versprochen, die Schuldigen zur Verantwortung zu ziehen. Die »Operation Wahrheit« beginnt. In öffentlichen Prozessen, zu denen auch Vertreter der Weltpresse zugelassen sind, werden die Anklagen verlesen und Zeugen angehört. Rund 500 Vertreter des alten Unterdrückungsapparates werden zum Tode verurteilt. Die Erschießungen führen zu einer internationalen Protestwelle, die von den Gegnern der Revolution bis heute ausgeschlachtet wird. Fidel Castro räumt später Fehler ein, verteidigt aber die Gerichtsverfahren und Exekutionen mit dem Hinweis, dass es nur deshalb »keine persönlichen Rachefeldzüge« und »keine Lynchjustiz« gab (vgl. Castro/Ramonet, S. 243).

In Kuba wird die Revolution nicht als einmaliger Umsturz, als isolierter Akt, sondern als permanenter Prozess der Umgestaltung verstanden. Ihre historischen Wurzeln reichen bis zu den Aufständen der Ureinwohner, den Unabhängigkeitskriegen und der Sklavenbefreiung zurück. Ihre ideologische Basis sind die Lehren der großen Befreier Lateinamerikas, wie Simón Bolívar, vor allem aber die Ideen von Martí, die zum Verständnis ebenso bedeutend sind wie die Theorien von Marx, Engels und Lenin. Das Verhältnis von martianischen Prinzipien zur sozialistischen Überzeugung ist für die seit 1959 in Kuba handelnden Akteure eine kontinuierliche Entwicklung, die nicht abgeschlossen ist. Kubaner beschreiben dies mit dem Spruch: »Suchend schreiten wir voran«. Deswegen bezeichnet der Begriff »Sieg der Revolution« nicht einen Endzustand, sondern den Zeitpunkt, an dem Kuba erstmals frei vom Einfluss fremder Mächte ist.

Kurz darauf – die »Barbudos« verlieren keine Zeit – beginnt die Revolutionsregierung mit der Umsetzung ihrer Versprechen. Neben der Bildung von Staatsorganen der Volksmacht werden bereits im März 1959 die Mieten halbiert und die Preise für Medikamente, Strom- und Telefongebühren drastisch gesenkt sowie ein Wohnungsbauprogramm auf den Weg gebracht. Im Mai wird das erste Gesetz zur Agrarreform angenommen, durch das einheimischer und ausländischer Großgrundbesitz aufgelöst und über 100.000 Bauern unentgeltlich Land zugeteilt wird. Dies trifft vor allem die großen Zuckergesellschaften in US-Besitz. 1960 wird das Eigentum ausländischer Monopole und später auch das der nationalen Bourgeoisie verstaatlicht[17] (Gewecke, S. 29). Die macht gemeinsam mit US-Unternehmern gegen das »Gespenst des Kommunismus in Kuba« mobil. Nach und nach

17 Die gesetzlich vorgeschriebene Entschädigung wird nach den letzten, unter Batista abgegebenen, Steuererklärungen bemessen. Da diese frisiert waren, widersprechen die Enteigneten den aus ihrer Sicht viel zu niedrigen Entschädigungen.

werden alle Hauptzweige der Wirtschaft in allgemeines Volkseigentum überführt. Mit diesen Maßnahmen und dem Aufbau von Volksmilizen sowie revolutionärer bewaffneter Streitkräfte will das neue Kuba seine nationale und wirtschaftliche Souveränität sichern. Die Volksmacht startet ein Programm zur Angleichung der Lebensverhältnisse von Stadt und Land. Mit einer in der Geschichte Lateinamerikas beispiellosen Kampagne zur Alphabetisierung wird zudem mit der Umsetzung eines der Hauptanliegen von José Martí begonnen.

Signal für Lateinamerika

»Als die Revolution am ersten Tag des Jahres 1959 siegte, … ging die Hälfte der kubanischen Kinder nicht zur Schule«, erinnert Eduardo Galeano (vgl. Galeano, S. 88) und beschreibt, wie »ein Heer von jungen Freiwilligen mobil gemacht wurde, um alle Kubaner lesen und schreiben zu lehren, und die Ergebnisse ließen die Welt aufhorchen«. Schon nach einigen Jahren »hatte Kuba, nach Untersuchungen der UNESCO, den niedrigsten Prozentsatz von Analphabeten und den höchsten Prozentsatz an Schulbesuchen ganz Lateinamerikas«. Der Schriftsteller aus Uruguay, der wie kaum ein anderer die Realität des geschundenen Kontinents geschildert hat, ist begeistert, dass auch auf dem Land mit der Einrichtung von Krankenhäusern und Polikliniken, dem Bau von Schulen und sogar Kindergärten begonnen wird. Voraussetzung für diese Entwicklung sei die radikale Abkehr von den USA, meint Galeano und zitiert: »Schon Bolívar hatte mit treffendem Weitblick davor gewarnt, dass die Vereinigten Staaten von der Vorsehung dazu bestimmt schienen, Amerika im Namen der Freiheit ins Elend zu stürzen.« Durch Kubas Beispiel sieht er Bolívar bestätigt und kommt zu dem Schluss: »Der nationale Kampf Lateinamerikas ist vor allem ein sozialer Kampf« (a. a. O., S. 294). Dass dies nicht allein die Position des Schriftstellers ist, sondern eine wachsende Stimmung auf dem Kontinent ausdrückt, unterstreicht der chilenische Arzt und Politiker Salvador

Allende[18] bereits 1960, ein Jahr nach dem siegreichen Einmarsch der Guerilleros in Havanna: »Die Kubanische Revolution, die eine authentische nationale Revolution bleibt, ist zugleich eine lateinamerikanische Ko-Revolution, weil die Probleme, die unsere Länder betreffen, die gleichen sind. Kuba hat den Weg des harten Kampfes für die Zukunft der Völker gewiesen. Die Kubanische Revolution ist die weitreichendste soziale Tat« (zitiert nach Schnelle, S. 11 f.). Sogar tiefgläubige Katholiken widersprechen den damaligen Versuchen des Vatikans, die Revolution und ihre Anführer zu verteufeln. »Fidel Castro bekennt sich zum Atheismus. Trotzdem hat das kubanische Volk seine Würde wiedererlangt, hat zu essen, hat Wohnungen und Schulen und Ausbildung für alle«, sagt der 1964 zum Priester geweihte brasilianische Befreiungstheologe Leonardo Boff[19] und meint, dass Castro in seiner Handlungsweise »mehr den Ansprüchen des Evangeliums« entspreche als mancher Staatsmann, der sich als Christ bezeichnet. Sein Glaubensbruder, der ebenfalls in Brasilien geborene Dominikaner und Befreiungstheologe Frei Betto, geht noch weiter: »Wenn das Leben Gottes Geschenk ist, dann sind die Zeichen des Reiches Gottes in keinem anderen Land Lateinamerikas so deutlich zu erkennen wie in Kuba«, erklärt Betto und begründet seine Ansicht so: »In Brasilien sterben von 1.000 lebend geborenen Kindern 83, im Nordosten sind es sogar 130. In Kuba sank diese Rate auf 15. Das heißt eben, dass in Kuba die Zeichen des Reiches Gottes deutlicher zu sehen sind als in irgendeinem anderen Land Lateinamerikas. Es ist ungerecht, ein Land wie Kuba, in

---

18 Allende wird später, am 4. September 1970, als Kandidat des Linksbündnisses »Unidad Popular« zum Präsidenten Chiles gewählt. Mit Unterstützung der CIA putschen rechte Militärs am 11. September 1973 gegen seine demokratisch legitimierte Regierung und errichten eine grausame Diktatur. Im Kampf gegen die Putschisten kommt Allende ums Leben.

19 Nach jahrzehntelangem Streit mit der Kirchenhierarchie und dem deutschen Kardinal Joseph Ratzinger tritt Boff 1992 aus dem Franziskanerorden aus und lässt sich in den Laienstand versetzen.

dem das Volk so sehr teilhat am Aufbau einer neuen Gesellschaft, als Diktatur zu bezeichnen. Die sozialistischen Länder müssen eine starke Regierung haben, um der permanenten Aggression des Kapitalismus begegnen zu können.«[20]

Die US-Geheimdienste fürchten die Verbreitung solcher Argumente und drängen ihre Regierung zum Handeln. Als Fidel Castro »den Ausschluss von Diktatoren« aus der von den USA beherrschten Organisation Amerikanischer Staaten (OAS) fordert, ist für den Nationalen Sicherheitsrat (NSC) Gefahr im Verzug. Die Ausgrenzung Kubas mit dem Vorwurf, Castros Regierung sei selbst eine Diktatur, ist jedoch nicht glaubwürdig. US-Diplomaten melden aus Havanna, dass die Mehrheit des Volkes hinter der Bewegung des 26. Juli und der Revolutionsregierung steht. Die bärtigen Rebellen haben den Menschen Lateinamerikas zudem das Gefühl der Ohnmacht gegenüber dem Norden genommen. Nach dessen triumphalem Empfang in Venezuela erhalten NSC und CIA im März 1959 die Vollmacht, »Maßnahmen zur Beseitigung Castros« zu planen (vgl. Coltman, S. 229). Im Dezember 1959 erklärt CIA-Abteilungsleiter J. C. King, wegen der Ausstrahlung der Kubanischen Revolution auf den Kontinent bestehe »dringender Handlungsbedarf«.

6. Das Imperium schlägt zurück

Die erste Auslandsreise als Vertreter der neuen Volksmacht unternimmt Fidel Castro – wie bereits erwähnt – in ein lateinamerikanisches Land. Der Besuch Venezuelas, knapp drei Wochen

20 Zit. nach der Zeitschrift »Neue Wege«, Jg. 1987, Heft 5, S. 132 f. – Die von Betto genannten Zahlen sind mittlerweile veraltet. 2014 starben in Kuba von 1.000 lebend geborenen Säuglingen (wie im Vorjahr) im statistischen Mittel noch 4,2. Damit liegt Kuba auf dem Kontinent gemeinsam mit Kanada – vor den USA und Chile – auf Platz eins. Im gleichen Jahr meldet Costa Rica acht Todesfälle pro 1.000 Geburten, in El Salvador sind es 14 und in Haiti 55.

nach dem Einzug in Havanna, bricht mit der devoten Tradition, der zufolge zuerst Washington die Aufwartung zu machen ist. Erst im April 1959 besucht er als Ministerpräsident die USA, wo sein selbstbewusstes Auftreten irritiert. Als ihm im Außenministerium ein Mitarbeiter vorgestellt wird, der für kubanische Angelegenheiten verantwortlich sei, begrüßt Castro ihn mit den Worten: »Ich dachte, ich bin verantwortlich für kubanische Angelegenheiten.« Zum Empfang bei Vizepräsident Richard Nixon erscheint der Comandante in olivgrüner Uniform. Noch einmal versucht der Vertreter des Weißen Hauses sich als Lehrmeister der Kubaner und rät Castro, »nicht dem Volk das zu geben, was es glaubt haben zu müssen, sondern zu erreichen, dass es das haben will, was es haben sollte« (vgl. Schäfer, S. 107). Der Gast aus Havanna geht darauf nicht einmal ein. Die Politiker der USA begreifen, dass die Rebellen-Regierung mit ihrem Vorhaben Ernst macht, die zweite Befreiung Kubas durchzusetzen. Nixon kommt nach der dreieinhalbstündigen Unterredung zu der Überzeugung, dass »Kuba die Interessen der USA nachhaltig stört«. Er empfiehlt deshalb, »umgehend Maßnahmen einzuleiten, um das Regime in Havanna zu beseitigen«. Seinen Wahlkampf als Präsidentschaftskandidat stellt Nixon 1960 – auf die Distanz zwischen Florida und Kuba anspielend – unter das Motto: »Wir müssen das 90-Meilen-Problem lösen!« (vgl. Huhn, Waterloo, S. 9).

Im Juli 1959 legt die CIA Berichte über die von Batistas engem Freund Dr. Rafael Diaz-Balart[21] gegründete Terror-Organisation »Rosa Blanca« vor, die in Kuba zahlreiche Anschläge verübt und in der Dominikanischen Republik militärische Ausbildungslager unterhält. Ausdrücklich wird deren Bereitschaft

---

21 Rafael Diaz-Balart war Senator unter Batista und ist der Vater von Lincoln Diaz-Balart, bis 2011 republikanischer Kongressabgeordneter für Florida und heute einer der militantesten Gegner einer Entspannungspolitik. Lincoln Diaz-Balart pflegt enge Kontakte zu Systemgegnern in Kuba.

hervorgehoben, »in Kuba einzufallen«. Andere Trainingscamps werden von der CIA in Dschungelgebieten Guatemalas eingerichtet, wo neben den Batista-Leuten auch in den USA angeworbene Söldner den Umgang mit Waffen und Sprengstoff üben. Am 21. Oktober 1959 überfliegen zwei US-amerikanische Flugzeuge Havanna, eröffnen das Feuer auf die Straßen der Hauptstadt und töten zwei Passanten. 50 Menschen werden verletzt. Präsident Dwight D. Eisenhower genehmigt noch in der darauf folgenden Woche geheime Luft- und Seeangriffe sowie die Anwerbung konterrevolutionärer Gruppen auf Kuba. Am 11. Dezember stimmt Eisenhower einem von der CIA vorgelegten Aktionsplan zu, der »den Sturz Castros innerhalb eines Jahres« und die Einsetzung einer US-freundlichen Junta vorsieht. Nicht einmal ein Jahr nach dem Antritt der revolutionären Regierung bereiten CIA und Pentagon die Invasion Kubas und den Mord an Fidel Castro vor. CIA-Agenten bemühen sich in den folgenden Jahrzehnten vergeblich, ihren Auftrag mit Gifttabletten, tödlichen Bakterien, hochgiftigem Puder, verseuchten Federhaltern, Spezialgewehren, Auftragskillern und käuflichen Kubanern in Castros Umgebung auszuführen. Der US-Geheimdienst versucht zudem, die Wut der Mafia-Bosse über den Verlust ihrer Casinos, Bordelle und des Drogenhandels auszunutzen. Mit Hilfe des FBI bietet die CIA Vertretern des organisierten Verbrechens in den USA Millionenbeträge an, um den »Störenfried Castro« zu erledigen. Doch der Comandante überlebt alle, insgesamt mehrere hundert, Anschläge.

USA brechen Beziehungen ab

Zugleich erhöhen die USA den Druck auf »befreundete« europäische Regierungen, um Kuba zu destabilisieren und seine Verteidigungskraft zu schwächen. Großbritannien verweigert den Verkauf von Kampfflugzeugen und selbst das neutrale, sozialistische Jugoslawien scheut den Konflikt mit Washington. Wenn die Europäer keine Flugzeuge lieferten, »werden wir sie von jedem kaufen, der dazu bereit ist«, erklärt Castro daraufhin. Die einzigen industrialisierten Länder, die nicht unter Einfluss der USA stehen, sind die Sowjetunion und ihre Partner im Warschauer Vertrag. Doch unter Batista waren die diplomatischen Beziehungen zwischen Kuba und Moskau 1952 abgebrochen worden. Letzter verbliebener Ansprechpartner in Havanna ist Alexander Alexejew, der Vertreter der Nachrichtenagentur TASS. Im Oktober 1959 arrangiert Castro eine Reihe von Treffen. Der Vertreter Moskaus betont, die sowjetische Bevölkerung empfinde »große Hochachtung vor dem Revolutionsführer« und der Arbeit, die er leiste, um für das kubanische Volk soziale Fortschritte zu erzielen. Das ist mehr als diplomatische Höflichkeit. Im Februar 1960 besucht der stellvertretende sowjetische Ministerpräsident Anastas Mikojan Havanna. Die UdSSR gewährt Kuba einen Kredit über 100 Millionen Dollar. Beide Regierungen schließen einen Vertrag über die Lieferung von Öl gegen Zucker. Washington dreht am Rad.[22] Im März 1960 explodiert im Hafen von Havanna das französische Schiff »La Coubre«, das belgische Waffen geladen hat. 101 Menschen werden getötet, mehr als 200 verletzt. Fidel Castro wirft den USA vor, den Sabotageakt verübt zu haben. Erstmals soll er dabei seine Rede mit dem Ruf »¡Patria o Muerte, Venceremos!« (Vaterland oder Tod, wir werden siegen!) beendet haben. Die Explosion bestärkt ihn in der Einschätzung, dass die Revolution ohne mächtige Verbündete nicht verteidigt werden kann. Die gerade erst erkämpfte Unabhängigkeit und die Souveränität Kubas stehen erneut auf dem Spiel. Am 8. Mai 1960,

22 Für Washington ein politischer Super-GAU. Nachdem die UdSSR das Atomwaffenmonopol der USA gebrochen hat, wollen die USA den Einfluss der Sowjetunion und der VR China in Asien und der Welt zurückdrängen. In Lateinamerika beendet die CIA im Jahr 1954 einen sozialen Reformprozess in Guatemala durch einen Putsch. Dies ist bereits Teil der Anfang 1953 von Eisenhower verkündeten Doktrin des Zurückwerfens des Sozialismus, die eine Niederschlagung nationaler Befreiungsbewegungen und die Unterwerfung unabhängiger Nationalstaaten unter die Vorherrschaft der USA einschließt.

dem 15. Jahrestags des Sieges der Sowjetunion über den Nazifaschismus, nehmen Havanna und Moskau wieder diplomatische Beziehungen auf. Kuba gerät – obwohl es keinem Militärbündnis angehört – in den Kalten Krieg.

Einen Monat später, am 6. Juli 1960, verabschiedet US-Präsident Dwight D. Eisenhower ein Gesetz, das den Import kubanischen Zuckers verbietet und eröffnet damit offen den bis dahin verdeckt geführten Wirtschaftskrieg der USA gegen Kuba. Im Oktober werden sämtliche Exporte dorthin (mit Ausnahme von Nahrungsmitteln und Medikamenten) verboten. Als vorläufigen Höhepunkt der Eskalation brechen die Vereinigten Staaten am 3. Januar 1961 die diplomatischen Beziehungen zu Kuba ab und schließen ihre Botschaft in Havanna. Kurz darauf, am 20. Januar, tritt John F. Kennedy sein Amt als 35. Präsident der USA an. Als eine seiner ersten außenpolitischen Initiativen schlägt er den lateinamerikanischen Staaten im März als »Alternative zur Kubanischen Revolution« eine »Allianz für den Fortschritt« vor.[23] Doch damit allein geben sich die USA nicht zufrieden. Am 13. April 1961 verüben CIA-Agenten einen Brandanschlag auf das Kaufhaus »El Encanto« in Havanna. Das Attentat fordert ein Todesopfer und mehrere Verletzte. Am gleichen Tag verabschiedet der nicaraguanische Diktator Anastasio Somoza in Puerto Cabezas an der Karibikküste des mittelamerikanischen Landes sieben Schiffe, die Kurs auf Kuba nehmen. Die Flotte wird von der US-Marine mit dem Flugzeugträger »Essex«, sieben Zerstörern, einem Landungs- und Versorgungsschiff und einem weiteren Kriegsschiff in diskretem Abstand eskortiert. An Bord der sieben Schiffe befinden sich 1.500 Söldner der von der CIA in Guatemala ausgebildeten »Brigade 2506«. Einen Tag zuvor erklärte Kennedy auf seiner wöchentlichen Pressekonferenz: »Die

23 Ziel dieser Vereinbarung ist es, nach dem Sieg der Kubanischen Revolution die Zusammenarbeit weiterer Länder Latein- und Südamerikas mit der Sowjetunion zu verhindern.

Regierung wird nicht zulassen, dass in den Vereinigten Staaten eine Invasion gegen Kuba vorbereitet wird.« Während er dies versichert, hat der Präsident den Termin des Überfalls bereits festgelegt (vgl. Huhn, Waterloo S. 27).

Fiasko in der Schweinebucht

In den Morgenstunden des 15. April 1961 heben vom Stützpunkt Puerto Cabezas in Nicaragua acht CIA-Bomber vom Typ B 26 ab und fliegen die 1.200 Kilometer nach Kuba. Die Besatzungen bestehen aus US-Amerikanern und Piloten Batistas. Die »Operation Pluto« beginnt. Jede Maschine ist zur Täuschung mit den Insignien der kubanischen Luftwaffe bemalt und mit zehn Bomben bestückt. Bei Tagesanbruch bombardieren sie drei Militärflugplätze in Kuba. Ein Großteil von dessen Luftwaffe wird flugunfähig gemacht, acht Menschen werden getötet, zahlreiche verletzt. Außenminister Raul Roa klagt die USA in der an diesem Tag in New York stattfindenden Vollversammlung der Vereinten Nationen an, »für diese brutale Verletzung der kubanischen Souveränität die Verantwortung zu tragen«. Er wird vom sowjetischen Delegierten Walerian Sorin unterstützt. Auf der Begräbnisfeier für die Opfer warnt Fidel Castro am 16. April vor einer bevorstehenden Invasion. »Was uns die Imperialisten nicht vergeben können«, ruft er, »ist, dass wir vor ihrer Nase eine sozialistische Revolution gemacht haben.« Mit den Worten »Dies ist die sozialistische und demokratische Revolution der einfachen Leute, von den einfachen Leuten und für die einfachen Leute« erklärt Castro dann die Kubanische Revolution zu einer »sozialistischen Revolution«. Kuba wird zum ersten sozialistischen Staat auf dem amerikanischen Kontinent.

In der Nacht zum 17. April hat die vier Tage zuvor aus Nicaragua ausgelaufene Invasionsflotte ihr Operationsgebiet an den Stränden Playa Girón und Playa Larga in der Schweinebucht erreicht. Die CIA-Instrukteure hatten den Söldnern versichert, dass die Kubaner sie als Befreier empfangen und unterstützen würden. Kennedys Plan sah vor, dass die Invasoren eine provisorische Regierung ausrufen, die von den USA sofort anerkannt würde. Danach sollte die »neue Regierung« um Hilfe von außen bitten und den USA einen Vorwand für die offene militärische Intervention liefern. Bei ihrer Landung trifft die »Brigade 2506« zunächst nur auf wenige, schlecht bewaffnete Milizionäre, die sie aus der Entfernung auffordert, »gemeinsam mit der Befreiungsarmee gegen die kommunistische Tyrannei zu kämpfen«. Die Antwort besteht aus Gewehrsalven und dem Ruf »¡Patria o Muerte! Venceremos!«. Doch die Invasoren werden von B-26-Bombern unterstützt, die unter dem Geleitschutz US-amerikanischer Jagdflieger Angriffe auf Straßen und Ortschaften fliegen und MG-Feuer auch auf die fliehende Zivilbevölkerung eröffnen. Dabei werden zahlreiche Kinder, Frauen und ältere Menschen getötet.

Nach 72 Stunden ist der Überfall vorbei. Die Angreifer werden von Milizen, der Bevölkerung und den revolutionären Streitkräften unter Leitung Fidel Castros zurückgeschlagen und ergeben sich am 19. April 1961. Die gescheiterte Invasion fordert auf kubanischer Seite 176 Tote und über 300 Verletzte. Die Aggressoren verzeichnen mehr als 200 Opfer. Knapp 1.200 Söldner der »Brigade 2506« werden festgenommen. Es sind größtenteils Mitglieder der früheren Oberschicht und Schergen Batistas, die sich nach dem Sieg der Revolution nach Florida abgesetzt hatten. Unter ihnen sind 100 Plantagenbesitzer, 67 Eigentümer von Mietshäusern, 35 Besitzer von Fabriken, 112 Geschäftsleute und 194 Ex-Militärs. Vor der Revolution haben sie insgesamt 923.000 Morgen Land, 9.666 Gebäude und Mietshäuser, 70 Fabriken, 12 Nachtklubs, zehn Werke zur Zuckerverarbeitung, fünf Bergwerke und drei Banken besessen. Das kubanische Fernsehen überträgt die Verhöre der Gefangenen live. Sie beklagen sich über falsche Versprechungen der USA, loben die Behandlung in Kuba und werden schließlich im Austausch für Medikamente und Nahrungsmittel im Wert von rund 52 Millionen Dollar an die USA überstellt. In Lateinamerika gilt die Verteidigung der Revolution gegen die Invasoren als Wendepunkt der Geschichte. Die Kubaner errichten am Strand eine riesige Plakatwand: »GIRÓN – DIE ERSTE IMPERIALISTISCHE NIEDERLAGE AUF DEM AMERIKANISCHEN KONTINENT!«

Blockade für Not und Elend

Nach der Schlappe der CIA-Söldner geht US-Präsident Kennedy wieder in die Offensive. Ihm missfällt, dass die kubanische Regierung Washington vor aller Welt als Aggressor und Verantwortlichen für viele Tote, Sachschäden und den Bruch des Völkerrechts an den Pranger stellt. Der US-Präsident warnt Castro, er solle »die Nachsicht Amerikas nicht überstrapazieren«. Am 20. April 1961 erklärt Kennedy, man habe zwar jetzt nicht in das Geschehen eingegriffen, aber, so droht er, »unsere Zurückhaltung ist nicht unendlich« (vgl. Schäfer, S. 143). »Seine Geduld geht also zu Ende«, antwortet der kubanische Ministerpräsident und fährt fort: »Und wie viel Geduld müssen wir haben, um mit der ökonomischen Aggression fertig zu werden, mit der wirtschaftlichen Blockade?«

Präsident Dwight D. Eisenhower verhängt, als Kuba die Enteignung aller US-Konzerne auf der Insel ankündigt, schon 1960 erste Sanktionen. Nach der missglückten Invasion, untersagt Kennedy am 7. Februar 1962 dann sämtliche Handelsbeziehungen zwischen den USA und Kuba. Später wird die Einfuhr von Produkten in die USA auch aus Drittländern verboten, wenn ein Rohstoff dafür aus Kuba kommt.[24] Als Ziel aller Maßnahmen wird bereits in einem Dokument der US-Regierung

24 Seit Oktober 1962 dürfen Schiffe, welche die sozialistische Insel anlaufen für mindestens sechs Monate nicht in einem US-Hafen festmachen. Auch ist es Bürgern der USA seit Februar 1963 bei Strafe verboten, nach Kuba zu reisen. Später wird die Blockade – wie noch berichtet wird – mehrfach verschärft.

vom 6. April 1960 »das Provozieren von Enttäuschung und Entmutigung durch wirtschaftliche Not« vorgegeben. Wörtlich heißt es in dem von Staatssekretär Lester Mallory verfassten Memorandum: »Die Mehrheit der Kubaner unterstützt Castro … Es gibt keine wirksame politische Opposition. Das einzige absehbare Mittel, um ihm interne Unterstützung zu nehmen, ist, mittels Enttäuschung und Unzufriedenheit aufgrund wirtschaftlicher Mängel und Elends … das Wirtschaftsleben zu schwächen … und Kuba Geld und Versorgung zu rauben, um die Nominal- und Reallöhne zu reduzieren und Hunger, Verzweiflung und den Sturz der Regierung hervorzurufen«. Diese Ziele bestimmen die Kubapolitik der USA seit mehr als 55 Jahren.

77 Prozent der heutigen kubanischen Bevölkerung sind unter den durch die Blockade verursachten Einschränkungen aufgewachsen. Im September 2014 beziffert der stellvertretende kubanische Außenminister Abelardo Moreno die wirtschaftlichen Schäden durch die US-Blockade für den sozialistischen Inselstaat auf mehr als 116 Milliarden Dollar. Für Kuba geht es in der aktuellen Debatte deshalb auch nicht um die Lockerung einzelner Blockade-Bestimmungen, sondern um deren vollständige Beseitigung. Havanna wird darin nicht nur von zahlreichen international renommierten Juristen unterstützt, die die Sanktionen als völkerrechtswidrig bezeichnen, sondern auch von fast allen Mitgliedsländern der Vereinten Nationen. Im Oktober 2014 fordern – wie in den Vorjahren – 188 der 193 Mitgliedsstaaten in der UN-Vollversammlung die sofortige Beendigung der Blockade, nur die USA selbst und Israel stimmen für die Sanktionen, während sich die wirtschaftlich von den USA abhängigen polynesischen Ministaaten Palau, Mikronesien und die Marshall-Inseln enthalten. Es ist seit 1992 das 23. Mal in Folge, dass die längste und umfangreichste Blockade, die je über ein Land verhängt wurde, von der UN-Vollversammlung verurteilt wird.

Raketenkrise und Souveränität

Während der Kämpfe in der Schweinebucht schickt der sowjetische Regierungschef Nikita Chruschtschow eine Nachricht an Kennedy, in der er mitteilt, das sein Land den Kubanern alle notwendige Hilfe leisten werde, um die Invasion zurückzuschlagen. Tatsächlich ist ihm aber klar, dass die Revolution – trotz sowjetischer Hilfe – keine Überlebenschance gehabt hätte, wenn die USA ihre eigenen Streitkräfte in Marsch gesetzt hätten. Im Juni 1961 begegnen sich Chruschtschow und Kennedy auf einem Gipfeltreffen in Wien. Dort weist der Präsident den Vorsitzenden des Ministerrates dezent darauf hin, dass die USA sich zurückgehalten haben, als sowjetische Truppen 1956 in Ungarn einmarschiert seien. Chruschtschow versteht das als Warnung, sich ebenfalls herauszuhalten, falls die USA in Kuba einrücken.

Die Konfrontation zwischen den Blöcken spitzt sich zudem in Europa und Asien bedrohlich zu. »Für uns in der DDR war die Schweinebucht ein Aha-Erlebnis, wie die USA Politik machen. Unser Gefühl, bedroht zu sein, war real«, erinnert Hans Modrow (vgl. Hermsdorf/Modrow, S. 48) die Stimmung vor der von den Ländern des Warschauer Vertrags im August 1961 beschlossenen Schließung der Grenzen »von der Ostsee bis zum Schwarzen Meer«. Der Kalte Krieg droht, zu einem heißen zu werden. Die Sowjets erhalten Informationen über einen Plan der USA, Kuba zu überfallen – diesmal mit ihrer Marine, der Luftwaffe und Bodentruppen. Abgesandte Moskaus informieren Fidel und Raúl Castro über das Vorhaben und schlagen zur wirksamen Abschreckung die Stationierung einer kleinen Anzahl von Mittelstreckenraketen mit atomaren Sprengköpfen in Kuba vor. Die Kubaner zögern zunächst. Sie wollen keine Atomwaffen in ihrem Land. »Ich gestehe, dass ich mich nicht besonders wohl bei dem Gedanken fühlte, diese Waffen in Kuba zu haben«, erinnert Fidel Castro. Zudem hegt er den Verdacht, dass es der Sowjetunion mehr um die Verschiebung des Kräfteverhältnisses zu ihren Gunsten geht[25], als um die Verteidigung der Unabhängigkeit und Souveränität seines Landes. Da sie glaubt, sich im Ernstfall aber nur mit Hilfe der UdSSR und des sozialistischen Lagers gegen die Aggressionspläne der USA verteidigen zu können, stimmt die Nationale Leitung der Revolution schließlich zu (vgl. Castro/Ramonet, S. 299 ff). Im April 1962 wird mit dem Bau der Anlagen für Trägerraketen, Sprengköpfe und Flugzeuge begonnen. Drei Monate später wird Raúl Castro vom sowjetischen Verteidigungsminister Malinowski nach Moskau eingeladen. Einen Monat darauf reist Che Guevara in die sowjetische Hauptstadt.

Am 14. und 15. Oktober 1962 entdecken U-2-Spionageflugzeuge der USA die Abschussrampen. Einen Tag später beschließt Kennedy die Seeblockade der Insel. 183 US-Kriegsschiffe mit 40.000 Marineinfanteristen an Bord laufen aus. Gleichzeitig werden in Florida 579 Kampfflugzeuge in Gefechtsbereitschaft versetzt. General Curtis LeMay, Chef der US-Luftwaffe, rät: »Wenn es Krieg geben soll, ist jetzt der beste Augenblick.« Kennedy befiehlt, den Luftangriff und die Invasion Kubas vorzubereiten, setzt aber noch auf die Wirkung der Seeblockade. Am 22. Oktober informiert der Präsident die Weltöffentlichkeit und fordert den Abzug der Raketen. Sonst, so droht er, würden die USA angreifen. Die Menschheit befindet sich am Rand eines Atomkrieges. In Kuba wird Kampfalarm ausgelöst, etwa 300.000 Soldaten und Milizionäre werden zu den Waffen gerufen. Zwei Tage später beginnt um Punkt 14 Uhr die Seeblockade. Zu diesem Zeitpunkt sind 23 sowjetische Schiffe auf dem Weg nach Kuba. In den Vereinten Nationen kommt es zum verbalen Schlagabtausch. Castro wirft dem sowjetischen Botschafter Walerian Sorin später vor, dabei »die Debatte über die Souve-

25 Mit den Raketen auf Kuba reagierte die Sowjetunion auch auf die zuvor erfolgte Stationierung von US-Mittelstreckenraketen vom Typ Jupiter in Italien und der Türkei, die mit der unterschwelligen Drohung der Möglichkeit eines nuklearen Erstschlags verbunden worden war.

ränität Kubas und sein Recht, sich zu verteidigen«, nicht geführt zu haben. Als Chruschtschow vorschlägt, die Raketen aus Kuba zu entfernen, wenn die USA im Gegenzug ihre Jupiter-Raketen aus der Türkei abziehen und verbindlich erklären, dass weder sie noch ihre Alliierten die Insel in Zukunft militärisch angreifen, werden die Kubaner nicht konsultiert. Erst als Kennedy den Handel am 28. Oktober akzeptiert und Moskau die Raketenbasen demontiert, erfahren die kubanischen Politiker davon. Fidel Castro demonstriert abermals martianisches Denken und stellt auch in dieser Situation Unabhängigkeit und Souveränität Kubas über die Ergebenheit gegenüber dem Bündnispartner. Er wirft Moskau vor, mit den USA hinter dem Rücken der Kubaner verhandelt zu haben. Sonst, so meint er, wäre das Abkommen zur Beilegung der Krise für Kuba vorteilhafter ausgefallen und nennt fünf konkrete Punkte, die aus Sicht der kubanischen Regierung zur Verhinderung weiterer Aggressionen, hätten geklärt werden müssen. Zum Beispiel, heißt es in dem Fünf-Punkte-Papier Havannas, hätte über die Rückgabe des von US-Militärs besetzten Gebietes in der Bucht von Guantánamo verhandelt werden müssen. Castros Misstrauen gegenüber den Zusagen Washingtons ist berechtigt. Trotz der Vereinbarung mit der UdSSR sagt Kennedy bei einem Treffen mit den Vereinten Stabschefs: »Wir müssen davon ausgehen, dass wir eines Tages wahrscheinlich auf Kuba landen müssen« (vgl. Greiner, S. 118). Nach Beendigung der Oktoberkrise hält Fidel Castro sich von April bis Juni 1963 fünfeinhalb Wochen zu seinem ersten Staatsbesuch in Moskau auf. Es braucht offenbar viel Zeit, um die Differenzen zu bereinigen und erneut Vertrauen aufzubauen. Am Ende führt der Besuch zu gemeinsamen Überlegungen, wie die bilateralen Beziehungen gestärkt werden können. Castro steht während der Maiparade neben Chruschtschow auf der Kremlmauer, wird zum »Held der Sowjetunion« erklärt und mit dem Lenin-Orden ausgezeichnet. Kein Ausländer hat in Moskau bis dahin derartige Ehren empfangen.

Terror für die Freiheit

Nach ihrer Zusage, keine weitere Invasion gegen die sozialistische Insel zu unterstützen, setzt die US-Regierung verstärkt auf die Organisation militanter Oppositionsgruppen, auf Sabotage und Terror in Kuba. Das Ziel bleibt die Beseitigung der sozialistischen Regierung. Bereits im März 1962 hatte Washington unter dem Namen »Operation Mongoose« ein Programm zur Durchführung von mehr als 30 Operationen verabschiedet, »um das kommunistische Regime zu stürzen«. Ab Juni 1963 wird es unter dem Namen »Integrated Covert Action-Program« (Integriertes verdecktes Aktionsprogramm) fortgesetzt. Zu den Maßnahmen gehören Propagandaaktionen, Anschläge gegen kubanische Politiker, Wirtschaftssabotage, die Zerstörung von Zuckerrohrfeldern und Fabriken, Verminung von Häfen, Bewaffnung und Training von Oppositionellen und der verdeckte Einsatz von US-Spezialeinheiten für Aktionen in Kuba. Sie sollen zum Beispiel ein US-Schiff in der Bucht von Guantánamo in die Luft jagen und dafür »die Kommunisten« verantwortlich machen. Ein weiteres Projekt sieht vor, Während der Zuckerrohrernte die Macheteros und Fabrikarbeiter durch den Einsatz biologischer und chemischer Gifte »außer Gefecht zu setzen« (vgl. Schäfer, S. 158). Im Rahmen der Operation werden auch bewaffnete Banden unterstützt, die noch bis 1965 Anschläge in den Escambray-Bergen durchführen und die Bevölkerung in Angst und Schrecken versetzen. Die CIA baut eine 70 Mann starke Terrorgruppe mit dem Namen »Operation 40« auf, deren »angebliche Aufgabe es ist, die befreiten Territorien in Kuba zu verwalten«. Tatsächlich bildet der dafür zuständige CIA-Agent mit Decknamen »Felix«[26] die Mitglieder aber in Verhörmethoden, Folter und Terroranschlägen aus. Ihr eigentlicher Zweck, vermutet ein Assistent Kennedys später in der »New York

26 Vermutlich handelt es sich um Felix Rodriguez, den späteren Mörder von Che Guevara.

Times«, sei »das Töten von Kommunisten« (vgl. Schäfer, S. 153). Auch skurrile Phantasten finden ihr Betätigungsfeld. So schlägt Brigadegeneral Edward Lansdale vor, Havannas Uferzonen von einem U-Boot aus mit Leuchtmunition zu beschießen, »um verängstigte Kubaner von einer bevorstehenden Wiederkehr Christi und der unausweichlichen Rache am Anti-Christen Castro zu überzeugen« (vgl. Greiner, S. 29).

Die »Operation Mongoose« bietet den bis dahin vereinzelten Batista-Anhängern, Terroristen und Antikommunisten, die in die USA und die von rechten Diktatoren beherrschten Staaten der Region geflüchtet sind, ein gut bezahltes Betätigungsfeld. Mit Millionen Steuergeldern und großzügigen Finanzspritzen US-amerikanischer Konzerne sowie ehemaliger kubanischer Unternehmen (wie die Rum-Dynastie Bacardi) etabliert sich vor allem in Florida eine florierende Contra-Industrie, von der bis heute tausende Aktivisten in Miami und Systemgegner in Kuba abhängig sind. Zum Sturz der Castro-Regierung stehen der CIA allein in Südflorida 4.000 Mitarbeiter und eine große Zahl von »Freelancern« zur Verfügung, dazu kommen Jahresbudgets von über 50 Millionen Dollar, mehr als 50 Tarnunternehmen allein in Miami-Dade County und eine geheime Marine, die nach Schätzungen während der »Operation Mongoose« die drittgrößte Flotte in der Hemisphäre ist. All dies macht die CIA zum Unternehmen mit den meisten Beschäftigten in Florida, das Hunderte Millionen Dollar in die lokale Wirtschaft pumpt (vgl. Schäfer, S. 152). Der Sonnenstaat im Süden der USA ist bis heute Hochburg und Schlupfwinkel der politischen Opposition und der Terrorgruppen, die nur der oft blinde Hass auf das System in Kuba und ihre finanziellen Interessen einen.

Am 22. November 1963 wird John F. Kennedy in Dallas, Texas ermordet. Sein Nachfolger Lyndon B. Johnson stellt die »Operation Mongoose« und deren Nachfolgeprogramm im Jahr 1965 offiziell ein, doch viele der aufgebauten Strukturen existieren verdeckt weiter. Die Contra-Industrie ist längst zu einem eigenen Wirtschaftszweig geworden. Der Terror gegen kubanische Bürger und Einrichtungen wird unvermindert fortgesetzt. Beispiele zeigen die absolute Skrupellosigkeit, mit denen dieser »Kampf für Freiheit und Demokratie« bis heute geführt wird. So explodiert am 6. Oktober 1976 an Bord einer DC-8, dem Flug CU 455 der Cubana de Aviación, kurz nach dem Start in Barbados, eine Bombe. 73 Passagiere und Besatzungsmitglieder werden von ihr in der Luft zerrissen. Die Behörden von Barbados ermitteln die Exilkubaner Orlando Bosch und Luis Posada Carriles, zwei ehemalige CIA-Agenten, als Täter. Bosch stirbt 2011 in Miami als freier Mann. Posada Carriles lebte dort noch im Sommer 2015 unbehelligt. Gelegentlich empfängt der Top-Terrorist kubanische Systemgegner, wie Guillermo Fariñas, der 2010 vom Europäischen Parlament »für Verdienste um die Menschenrechte in Kuba« den Sacharow-Preis und 50.000 Euro erhielt. 1997 organisiert Posada Carriles eine Serie von Terroranschlägen gegen Hotels in Havanna und Varadero. Dabei wird am 4. September der junge italienische Tourist Fabio Di Celmo durch eine Bombe im Hotel Copacabana (Havanna) getötet. Auf einer internationalen Konferenz in London legt ein Vertreter des kubanischen Innenministeriums im März 2014 eine vorläufige Bilanz der von den USA aus organisierten Angriffe gegen Menschen und Einrichtungen in seiner Heimat vor. Danach wurden seit dem Sieg der Revolution 713 Terroranschläge verübt, die 3.478 Todesopfer und 2.099 körperlich dauerhaft Versehrte gefordert haben. Und der Terror geht weiter. Nur einen Monat nach dieser Aussage verhaften kubanische Sicherheitskräfte, am 26. April 2014, vier in Florida lebende Exilkubaner. Die Festgenommenen, die Verbindungen zu Terrorgruppen in Miami und Systemgegnern auf der Insel unterhalten, sagen aus, dass sie militärische Einrichtungen in Kuba angreifen sollten, um gewaltsame Reaktionen zu provozieren. Auch diese Aktion kann von den USA aus organisiert werden, ohne dass die dortigen Behörden gegen die Täter und ihre Hintermänner vorgehen.

7. Die Alternative nimmt Gestalt an

Wird die Kubanische Revolution in den anderen Ländern Lateinamerikas zunächst nur als ein Signal des Aufstands gegen die Vorherrschaft des Nordens wahrgenommen, so präsentieren sich Aufbau und Konsolidierung eines grundsätzlich anderen Systems immer deutlicher als Alternative zu den Zuständen in der Region. In den meisten Ländern halten einheimische Oligarchien ihre Herrschaft über die große Mehrheit der Landbevölkerung und der Arbeiter mit Militärdiktaturen aufrecht. Die Verteilung der Ressourcen ist extrem ungleich. Neben modernen Einkaufszentren und Glaspalästen der ausländischen Bank- und Konzernzentralen in den gepflegten Stadtteilen der kleinen Ober- und Mittelschicht expandieren Elendsviertel, in denen nicht einmal die Grundversorgung gewährleistet ist. Ein Meer von Armut umgibt die Inseln des Reichtums (vgl. Rinke, S. 100 ff.).

Im »Kampf gegen den Kommunismus« unterstützen die USA alle Diktaturen bei der blutigen Unterdrückung jedweden Widerstandes. Unter dem Codenamen »Operation Condor« versuchen die Geheimdienste von sechs seinerzeit diktatorisch beherrschten Ländern (Argentinien, Chile, Paraguay, Uruguay, Bolivien und Brasilien) in den 1970er und 1980er Jahren unter Anleitung der CIA, den Kontinent von allen »Linken« zu säubern. Rund 400.000 Lateinamerikaner fallen dabei »der Politik terroristischer Staaten – deren Grundlage in Washington entworfen wurde – zum Opfer« (Calloni, S. 12). Während die Umverteilung zu Gunsten der Reichen weitergeht, bestimmen Unsicherheit, Angst und Gewalt den Alltag der einfachen Bevölkerung. Auch die ungerechte Landverteilung besteht fort und der informelle Sektor wächst. Unter dem Schlagwort »Deregulierung« schaffen internationale Konzerne Arbeitsverhältnisse, die als »moderne Sklaverei« zu bezeichnen sind. In den 1990er

Jahren verschiebt sich die politische zur sozialen Gewalt, wobei beides immer auch nebeneinander besteht.

Die anhaltende Strahlkraft der Kubanischen Revolution beruht darauf, dass die »Barbudos« nach ihrem Sieg die gesellschaftliche Entwicklungsrichtung geändert haben. Bevor die Guerilleros in Havanna einziehen, weisen die Statistiken für Kuba ein in der Region ungewöhnlich hohes durchschnittliches Pro-Kopf-Einkommen aus. Trotzdem reicht das Einkommen für die große Masse der Bevölkerung pro Kopf nicht zum Leben. Wie in den anderen Ländern wird der Alltag für viele Menschen in Kuba zur Hölle, während die kleine Gruppe der oberen Zehntausend wie im Paradies lebt. Die Mehrheit der Kubaner hat nichts zu verlieren und hofft auf die Veränderungen, welche die revolutionäre Regierung nun in Angriff nimmt. Eine Minderheit verlässt das Land, das sie nun als »kommunistische Hölle« bezeichnet und kämpft für die Wiederherstellung der alten, für sie paradiesischen, Verhältnisse.

Staat und Zivilgesellschaft

Zu den zentralen innenpolitischen Aufgaben im ersten Jahrzehnt nach dem Sieg gehören die Schaffung einer der Revolution verpflichteten Polizei und Armee sowie der Aufbau von Organisationen der Zivilgesellschaft. Alle bisherigen politischen und staatlichen Institutionen waren korrupt und mehr an den Interessen der ausländischen Wirtschaft ausgerichtet als an denen des kubanischen Volkes. Teile der Zivilgesellschaft, wie die Arbeiterschaft und die Studenten, haben sich zwar schon früher in Gewerkschaften und Verbänden zusammengeschlossen, doch sind ihre Organisationen unter Batista entweder verfolgt und unterdrückt oder durch Mafia-Strukturen zu Erfüllungsgehilfen der Herrschenden degradiert worden. Ihren Vorstellungen von direkter Demokratie, Transparenz und Teilhabe entsprechend, legen die Anführer der Revolution beim Aufbau neuer Strukturen Wert auf Information und Beteiligung der Massen. Jeder

Schritt wird in öffentlichen Versammlungen beraten und auf Großkundgebungen dargelegt. Als erste institutionelle Einrichtungen des neuen Staates werden Milizen aus Arbeitern, Bauern und Studenten gebildet. Außer der Verteidigung übernehmen die Milizionäre Aufgaben in der Alphabetisierungskampagne. Zum ersten Mal treten bewaffnete Kräfte der Staatsmacht den Arbeitern, Bauern und Landlosen nicht mehr als Unterdrücker entgegen. Die Milizen bestehen neben den von Verteidigungsminister Raúl Castro aus Rebelleneinheiten des Guerillakrieges und zuverlässigen Teilen der bisherigen Streitkräfte 1959 völlig neu aufgebauten »Fuerzas Armadas Revolucionarias« (FAR), den »Revolutionären Streitkräften« Kubas. Die Zunahme der Sabotage- und Terrorakte führt am 28. September 1960 zur Gründung der »Komitees zur Verteidigung der Revolution« (Comités de Defensa de la Revolución, CDR), die als basisdemokratische Organisation zur Mobilisierung der Bevölkerung und zu deren Schutz vor Anschlägen konzipiert sind. Heute übernehmen die in jedem Viertel bestehenden CDRs auch soziale und gesellschaftspolitische Aufgaben.

Die Zivilgesellschaft des Landes besteht aus kubanischer Sicht in erster Linie aus den Millionen Menschen und deren Organisationen, die in Betrieben und Werkstätten, in der Landwirtschaft, der Verwaltung und im Dienstleistungsbereich tätig sind, sowie aus den Verbänden der Frauen, Studenten, Jugendlichen, Schriftsteller und Künstler. Kritiker des Gesellschaftsmodells behaupten, dass diese Organisationen den Weisungen der Kommunistischen Partei unterstehen. Das ist nicht nur formal falsch. Kenner der kubanischen Realität wissen, dass in den Verbänden oft kontroverse Debatten geführt und von dort in die Gesellschaft getragen werden und dass heftige Kritik auch an Funktionären der Partei und des Staates geübt wird. In westlichen Medien werden die aus Wahlen hervorgegangenen Vertreter der Organisationen trotzdem nicht anerkannt. Zur »Zivilgesellschaft Kubas« zählen für die Kritiker ausschließlich Gegner des Systems, die sich selbst zu »Sprechern« ernannt haben und meist zugeben, dafür »Honorare« von US-Agenturen, antikommunistischen Parteistiftungen oder Contra-Gruppen in Miami zu erhalten.

Eine herausragende Rolle in der – aus kubanischer Sicht – tatsächlichen Zivilgesellschaft spielen die Frauen, die sich in großer Zahl bereits im Widerstand gegen Batista und in der Guerilla engagiert haben. Im August 1960 wird unter Leitung von Vilma Espín die heute mehr als vier Millionen Mitglieder[27] zählende »Federación de Mujeres Cubanas« (FMC) gegründet. Obwohl die Gleichberechtigung der Frau in Beruf und öffentlichem Leben laut Verfassung formal garantiert ist, kritisiert die »Föderation der kubanischen Frauen« deren mangelhafte Umsetzung. Im Gewerkschaftsdachverband CTC (Central de Trabajadores de Cuba) sind 18 Einzelgewerkschaften mit insgesamt rund 3,3 Millionen Mitgliedern (Stand 2014) vereint; der Kleinbauernverband ANAP (Asociación Nacional de Agricultores Pequeños) vertritt mehr als 380.000 Landwirte. Weitere einflussreiche Organisationen sind der Studentenverband FEU (Federación Estudiantil Universitaria), der Schriftsteller und Künstlerverband UNEAC (Unión de Escritores y Artistas de Cuba) und die Pionierorganisation José Martí (Organización de Pioneros José Martí, OPJM). »Die Besonderheit des kubanischen Weges bestand darin, dass all dies nicht unter Führung einer Partei geschah, sondern durch eine Führungsgruppe geschaffen wurde, die ihren dauernden Austausch mit dem Volk und damit eine erhebliche Massenbasis wirkungsvoll in Szene zu setzen vermochte«, schreibt der dem sozialistischen Kuba gegenüber nicht unkritische Historiker Michael Zeuske über den Aufbau der Verbände (vgl. Zeuske, Kleine Geschichte…, S. 190).

27 Offiziell von der FMC am 24. Juli 2010 genannte Zahl (Quelle: EcuRed); Kuba hat heute etwa 11,2 Millionen Einwohner.

Diese und weitere Organisationen bzw. Interessenverbände wurden bereits vor der Konstituierung der Kommunistischen Partei Kubas als Einheitspartei in ihrer heutigen Form gegründet. Nach dem Sieg der Revolution vereinigt sich 1961 zunächst die »Bewegung des 26. Juli« (geführt von Fidel Castro) mit der »Partido Socialista Popular« (der früheren KP, geführt von Blas Roca) und einer weiteren Gruppe zur ORI (Organizaciones Revolucionarias Integradas). 1962 wird aus der ORI die »Vereinigte Partei der Kubanischen Sozialistischen Revolution«. Sie ist Vorgängerin der »Kommunistischen Partei Kubas« (Partido Comunista de Cuba, PCC), die am 3. Oktober 1965 in Havanna gegründet wird und sich als »martianisch und marxistisch-leninistisch« definiert. Als offizielles Organ des Zentralkomitees geht aus einer Fusion der Zeitungen »Hoy« und »Revolución« die Tageszeitung »Granma« hervor. Der PCC verbunden ist die Jugendorganisation UJC (Unión de Jóvenes Comunistas). Am 15. Februar 1976 stimmt die Bevölkerung in einem Referendum mit großer Mehrheit für die erste sozialistische Verfassung des Landes, in der auch die Konstituierung des Nationalen Parlaments (Asamblea Nacional del Poder Popular) vorgesehen ist. Seine Abgeordneten werden, wie die der Provinzparlamente (Asambleas Provinciales) alle fünf Jahre gewählt. Die Wahlen der Kommunalparlamente (Asambleas Municipales) finden alle zweieinhalb Jahre statt. In einer weiteren Abstimmung spricht sich im Jahr 2002 eine Mehrheit dafür aus, das sozialistische System als »unwiderruflich« in der Verfassung zu verankern.

Zwischen RGW und Internationalismus

Parallel zur Festigung der Volksmacht im Inneren, zielt auch die Außenpolitik der ersten Jahrzehnte auf Sicherung der Souveränität, Erhalt der Unabhängigkeit und Schaffung von günstigen Rahmenbedingungen zur wirtschaftlichen Stabilisierung. Die USA lassen keinen Zweifel aufkommen, dass sie nicht nur »ihr Kuba« zurückerobern wollen, sondern auch jede weitere Unabhängigkeitsbestrebung in der Region unterdrücken werden.[28] Im Januar 1962 wird Kuba auf Betreiben Washingtons aus der »Organisation Amerikanischer Staaten« (OAS) ausgeschlossen und von den OAS-Ländern[29] mit einem wirtschaftlichen und diplomatischen Boykott belegt. Die Isolierung von anderen Regierungen auf dem Kontinent, aber auch die ideologische Orientierung auf ein sozialistisches Gesellschaftsmodell veranlassen Havanna zur außenpolitischen Neuorientierung. Dabei legen die Kubaner Wert auf ihren eigenständigen Weg. »Unser Land vertrat immer selbstständige Ansichten«, sagt Fidel Castro. Seine weiteren Sätze liefern eine mögliche Erklärung dafür, warum das kubanische Modell bis heute existiert. »Diese Revolution ist ein ursprüngliches Produkt dieses Landes. Niemand hat uns gesagt, wie wir sie zu machen hätten. Und wir haben sie gemacht. Niemand wird uns vorzuschreiben haben, wie wir sie fortzuführen haben. Und wir werden damit weitermachen. Wir haben gelernt, Geschichte zu schreiben. Und wir werden damit fortfahren. Niemand sollte da Zweifel haben.« (vgl. Ette/Franzbach, S. 271)

Die logischen Partner der neuen kubanischen Außenpolitik sind die Sowjetunion und die sozialistischen Länder Osteuropas sowie die Volksrepublik China, die Demokratische Volks-

---

28 Am 28. April 1965 besetzen US-Truppen die Dominikanische Republik, um eine »kommunistische Gefahr« abzuwenden. »Wir lassen in der Karibik kein weiteres Kuba zu«, erklärt Präsident Johnson. In Bolivien wird eine von Che Guevara geführte Guerilla-Bewegung zerschlagen und Che auf Anweisung der CIA am 9. Oktober 1967 erschossen. Am 11. September 1973 putschen in Chile ultrarechte Militärs – mit Unterstützung der CIA – gegen die Regierung des sozialistischen Präsidenten Salvador Allende. Nach dem Sieg der sandinistischen Revolution am 19. Juli 1979 in Nicaragua zettelt die CIA einen brutalen Contra-Krieg gegen Sandinisten und Bevölkerung an. Am 25. Oktober 1983 dient der von US-Diensten initiierte Mord an dem linken Premierminister der Karibikinsel Grenada als Vorwand für eine militärische Invasion.

29 Seit 1962 besteht die OAS aus 34 souveränen Staaten Amerikas (35 minus Kuba).

republik Korea und Vietnam, dessen südlicher Teil bis 1973 allerdings noch unter US-Einfluss steht. Nach dem bereits erwähnten Besuch des stellvertretenden sowjetischen Ministerpräsidenten Anastas Mikojan im Februar 1960 in Havanna – bei dem erste Handelsverträge abgeschlossen werden – reist eine kubanische Delegation unter Leitung Raúl Castros im Mai, anlässlich der Aufnahme diplomatischer Beziehungen, nach Moskau. Dort gibt das Politbüro grünes Licht für den Ausbau der Beziehungen. Im November 1960 besucht Che Guevara, zu diesem Zeitpunkt Präsident der Kubanischen Nationalbank, erneut die UdSSR sowie einige osteuropäische Länder und die DDR. Dort unterzeichnet er am 17. Dezember 1960[30] mit dem Außenhandelsminister und ehemaligen Spanienkämpfer Heinrich Rau ein langfristiges Abkommen über Handel und wissenschaftlich-technische Zusammenarbeit. Die DDR gewährt Kuba einen Staatskredit über 12 Millionen Dollar (vgl. Langer, Zärtlichkeit…, S. 21). Am 12. Januar 1963 erkennt Kuba die DDR völkerrechtlich an, worauf die Bundesrepublik ihre diplomatischen Beziehungen zu Havanna abbricht. In den folgenden Jahren werden die politischen, kulturellen und wirtschaftlichen Beziehungen zwischen Kuba und den sozialistischen Ländern systematisch ausgebaut. Nach einer längeren Reise Fidel Castros in die Sowjetunion, die DDR und andere sozialistische Staaten Europas wird Kuba im Juli 1972 Mitglied im »Rat für Gegenseitige Wirtschaftshilfe« (RGW). Dem von der UdSSR dominierten politisch-militärischen Bündnis des »Warschauer Vertrages über Freundschaft, Zusammenarbeit und gegenseitigen Beistand« tritt die sozialistische Insel nicht bei. Auch im Konflikt

30 Der 17. Dezember ist der Tag des Heiligen Lazarus (San Lázaro), den die Anhänger der afrokubanischen Santeria-Religion Babalú Ayé nennen. Für die Santeros und viele Kubaner einer der wichtigsten Tage im Jahr, denn Babalú Ayé gilt als mächtiger Beschützer. Auch die Erklärungen von Raúl Castro und Barack Obama über die angestrebte Normalisierung der Beziehungen wurden 2014 am 17. Dezember abgegeben.

zwischen Moskau und Peking schlägt Kuba sich nicht auf eine der beiden Seiten, sondern verteidigt seine unabhängige Position. Die Beziehungen Kubas zum sozialistischen Lager wecken in Westeuropa und vor allem in der Bundesrepublik die offene Feindschaft der Regierungen. Während Che und Fidel in der Protestbewegung der 1960er Jahre zu Symbolfiguren des Widerstands gegen Ausbeutung, Unterdrückung und imperialistische Kriege werden, gilt Havanna den Herrschenden in Bonn und anderen westlichen Hauptstädten als Gegner. Die offene Feindschaft nimmt erst mit der Wahl sozialdemokratischer Politiker an die Spitze einiger westeuropäischer Länder etwas ab. In den 1970er und 1980er Jahren zeigen Bundeskanzler Willy Brandt, Schwedens Ministerpräsident Olof Palme, der französische Staatspräsident François Mitterrand und Spaniens Ministerpräsident Felipe González in langen Gesprächen mit Fidel Castro keine Berührungsängste gegenüber den »bärtigen Rebellen« von der Karibikinsel mehr. Im Januar 1975 nimmt die Bundesrepublik die diplomatischen Beziehungen zu Havanna wieder auf. Neun Monate nach Amtsantritt von Jimmy Carter als US-Präsident eröffnen Kuba und die USA – im September 1977 – sogar »ständige Interessenvertretungen«[31] in ihren Hauptstädten.

Mehr als jedes andere Land der Welt steht Kuba seit der Revolution für das Ideal des »Internationalismus«. Unabhängig von der Integration in den RGW will Havanna ein eigenständiges sozialistisches Modell entwickeln, das auch zum Beispiel für andere Länder werden kann. Aus politischer Überzeugung, aber auch, um die von den USA forcierte Isolierung aufzubrechen engagieren sich kubanische Revolutionäre zunehmend für und in Befreiungsbewegungen, was teilweise konträr zu Moskaus Linie der friedlichen Koexistenz läuft. Kuba wird zum Vorbild und Sprachrohr der Blockfreien-Bewegung und vieler Länder der »Dritten

31 Die Einrichtungen nehmen konsularische Aufgaben wahr, sind aber rechtlich und formal keine Botschaften.

Welt«. Neben Unterstützung von revolutionären Guerillakämpfern leistet Havanna auch militärische Hilfe. Im Oktober 1963 sendet Kuba – auf Bitte des algerischen Präsidenten Ahmed Ben Bella – ein Bataillon von 22 Panzern und mehrere Hundert Soldaten, um Algerien bei der Abwehr einer von den USA unterstützten marokkanischen Offensive zu unterstützen.[32] Es ist der erste kubanische Militäreinsatz in Afrika. Im April 1965 verlässt Che Guevara Kuba und unterstützt zunächst die Guerillabewegung im Kongo. Danach kämpft er – begleitet unter anderem von der deutsch-argentinisch-kubanischen Revolutionärin Haydeé Tamara Bunke (Tania la Guerillera) – in Bolivien und wird am 9. Oktober 1967 nach seiner Gefangenname durch das bolivianische Militär, auf Anweisung der CIA, ermordet.[33] Mit dem Tod Guevaras versiegt jedoch nicht das Engagement der Kubanischen Revolution für andere unterdrückte Völker. Ende 1971 reist Fidel Castro nach Chile und sichert der linken Regierung unter Präsident Salvador Allende Unterstützung zu. Als das südafrikanische Apartheid-Regime mit militärischer Gewalt versucht, die Unabhängigkeit Angolas[34] zu verhindern, greift Kuba ein. Auf Gesuch von Agostinho Neto, dem Führer der marxistischen Befreiungsbewegung MPLA und späteren Präsidenten des Landes, schickt Havanna in der »Operation Carlotta« tausende freiwillige Soldaten. Später helfen kubanische Ärzte, Pädagogen, Techniker und weitere zivile Fachkräfte auch in anderen jungen Staaten Afrikas, die sich von Kolonialismus und Apartheid befreien. In Algerien, Angola, Äthiopien, Mosambik, Namibia,

32 Die an Bodenschätzen reiche Demokratische Volksrepublik Algerien ist seit dem 5. Juli 1962 (nach einem achtjährigen Befreiungskrieg gegen Frankreich) unabhängig.

33 Tamara Bunke und neun weitere Partisanen fallen am 31. August 1967 am Río Grande im Kugelhagel des Militärs.

34 Die aus der »Nelkenrevolution« hervorgegangene neue portugiesische Regierung entlässt im Juli ihre frühere Kolonie Angola in die Unabhängigkeit. Als »Tag der Unabhängigkeit« wird der 11. November 1975 begangen.

Südafrika und vielen anderen Ländern des Kontinents werden Fidel Castro und die kubanischen Kämpfer bis heute als Befreier und Bündnispartner im Kampf gegen koloniale und rassistische Unterdrückerregime verehrt.

Umstrukturierung der Wirtschaft

Mit der Revolution wird die Priorität der sozialen Ziele und damit verbunden der Vorrang der Politik gegenüber der Ökonomie durchgesetzt. Die ersten Maßnahmen führen bereits zu einer grundlegenden Änderung der Eigentumsverhältnisse an Produktionsmitteln, der Neuaufteilung von landwirtschaftlichen Nutzflächen (Agrarreform) und einer Umverteilung zugunsten der bisher Armen, Ausgebeuteten und Besitzlosen. Nach der Erklärung der Revolution zu einer sozialistischen erfolgt eine Annäherung an das sowjetische Wirtschaftsmodell. Das führt zu Großproduktion, zentralistischer Planung und Verwaltung, aber auch zu Bürokratie. Mit der zweiten Agrarreform, die den zulässigen Grundbesitz von 400 auf 67 Hektar reduziert, wird die Politik der Vergesellschaftung fortgesetzt. In der »Revolutionären Offensive« von 1968 werden auch alle Betriebe im Handels-, Handwerks- und Dienstleistungsbereich verstaatlicht. Eine, wie sich später zeigt, aus revolutionärem Ungestüm getroffene Fehlentscheidung. Mit Ausnahme der bäuerlichen Kleinbetriebe sind 1970 sämtliche Wirtschaftsbereiche in Staatseigentum übergegangen (vgl. Nohlen/Nuscheler S. 484 f.). Die mit der Sowjetunion und später auch mit anderen sozialistischen Ländern vereinbarten Verträge ermöglichen der kubanischen Wirtschaft den radikalen Bruch mit der früheren strukturellen Abhängigkeit vom US-Markt und garantieren das Überleben nach Verhängung der Blockade. Zugleich führen die neuen Bindungen aber auch wieder zu ökonomischen Abhängigkeiten. So wird der ursprüngliche Versuch einer Abkehr vom Zucker durch Diversifizierung der Landwirtschaft revidiert und dem Zuckersektor erneut Priorität eingeräumt. Die Monoproduktion wird durch langfristige Handelsabkommen mit der Sowjetunion abgesichert, die Kuba garantierte Abnahmemengen und subventionierte Zuckerfixpreise einräumen. Auf der Feier zum 17. Jahrestag des Sturms auf die Moncada-Kaserne muss Fidel Castro am 26. Juli 1970 auf dem Platz der Revolution in Havanna einräumen, dass das ehrgeizige Ziel einer 10-Millionen-Tonnen-Zuckerernte nicht erreicht wurde. Er übernimmt die Verantwortung für das Scheitern der »Gran Zafra«, kritisiert aber auch »Ignoranz und Selbstbedienungsmentalität« leitender Funktionäre und macht bürokratische Leitungsmethoden für Rückschläge und wachsende Unzufriedenheit verantwortlich. Nach dem Misserfolg wird die Wirtschaftspolitik überprüft, die Landwirtschaft diversifiziert und industrialisiert, wobei der Zuckeranbau Leitsektor bleibt. Wegen der Konzentration auf das Hauptexportprodukt Zucker kann Kuba den Eigenbedarf an Lebensmitteln nicht aus eigener Produktion decken. Zwar war die Abhängigkeit von Lebensmittelimporten vor der Revolution deutlich höher, doch angesichts des chronischen Devisenmangels im neuen Kuba schlagen die Kosten für notwendige Einfuhren stärker zu Buche. Erdöl, Baumaterialien, Traktoren und Industrieanlagen, aber auch Milchpulver und andere Lebensmittel werden aus den RGW-Ländern, mit denen mittlerweile 85 Prozent des Außenhandels abgewickelt werden, zu Sonderkonditionen bezogen.

Das Recht auf Arbeit ist in der kubanischen Verfassung verankert. Angesichts der hohen Arbeitslosenquoten vor der Revolution ist die Herstellung von Vollbeschäftigung ein wichtiges politisches Ziel. Dies wird seit den 1960er Jahren durch ständige Ausweitung des Arbeitsplatzangebots erreicht. Zwischen 1970 und 1984 steigt die Zahl der Erwerbstätigen von 2,4 auf knapp 3,4 Millionen an (ebd., S. 500). Überbeschäftigung in den Staatsbetrieben führt zu sinkender Effizienz. Durch Einbindung in den RGW, der feste Zuckerpreise über dem Weltmarkt, vergünstigte Lieferungen von Öl und weitere vorteilhafte Konditionen garantiert, nimmt der Lebensstandard der Bevölkerung jedoch trotzdem ständig zu. Üppige Zuschläge auf die Löhne auf der einen, subventionierte Mieten, Lebensmittel, Fahrpreise und Urlaubsangebote auf der anderen Seite sorgen für steigende Massenkaufkraft. Von vielen Kubanern werden die 1980er als »goldene Jahre« wahrgenommen. Die Kehrseite der Medaille ist ein zunehmender Nachfrageüberhang, der zu Rationierungen bei Konsumgütern zwingt. Plötzlich ist nicht mehr die Armut, sondern der im Verhältnis zu vorrevolutionären Zeiten und zu den Nachbarländern relative Wohlstand breiter Volksmassen die Ursache von Mangel. Versorgungsprobleme, unbefriedigte Konsumwünsche und politische Enttäuschung führen dazu, dass erneut eine größere Zahl Kubaner die Insel verlassen will.[35] Im April 1980 besetzen Oppositionelle gewaltsam die peruanische Botschaft in Havanna. Nachdem der US-Propagandasender »Voice of America« die Nachricht darüber verbreitet, drängen etwa 10.000 Menschen aus allen Teilen des Landes in die Botschaft. Fidel Castro erklärt im Namen der Regierung, dass jeder, der will, das Land ungehindert verlassen kann. Über den Hafen von Mariel machen sich zwischen April und September rund 125.000 Menschen – neben Frustrierten und politisch Unzufriedenen auch zahlreiche Kriminelle – auf den Weg nach Florida. Das wird schon bald für die USA zu einem größeres Problem als für Kuba. »Aus Rücksicht auf Präsident Carter, denn wir wollten

35 Bereits im Oktober 1965 gab es eine erste Ausreisewelle. Grund dafür war die Aufhebung der Grenzkontrolle durch die kubanischen Behörden. Da die USA nach der Raketenkrise, dem Abbruch der diplomatischen Beziehungen und der Verhängung der Blockade alle legalen Reiseverbindungen gekappt hatten, versuchten Ausreisewillige »illegal« und unter Gefahr für Leib und Leben dorthin zu gelangen. Die kubanischen Behörden forderten daraufhin die USA auf, alle, die ausreisen wollten, abzuholen. Zigtausende verlassen auf US-Schiffen das Land. Am 2. November 1966 beschließt der Kongress in Washington den »Cuban Adjustment Act«, ein bis heute geltendes Gesetz, das auch auf illegalem Weg in die USA gelangten Kubanern sofortiges Bleiberecht und weitere Privilegien gewährt.

nicht zum Triumph der Rechten in den USA beitragen«, sagt Fidel Castro später (vgl. Castro/Ramonet, S. 373), stoppt Havanna schließlich die unkontrollierte Ausreise über Mariel. Während die Medien in den USA und Europa wieder einmal den baldigen Zusammenbruch des kubanischen Systems voraussagen, ist die Regierung in Havanna verärgert, jedoch nicht sonderlich beunruhigt. Viele Gegner der Revolution haben das Land verlassen, doch rund 99 Prozent der Bevölkerung[36] sind geblieben. Kubas Wirtschaft steht jedoch bereits vor neuen Schwierigkeiten. Nach der Wahl von Michail Gorbatschow zum Generalsekretär der KPdSU im März 1985 verändert Moskau einseitig die Konditionen. 1986 reduziert die UdSSR den Zuckerpreis um 10,9 Prozent und senkt auch den Ankaufspreis für Nickel. Gleichzeitig werden die Preise für Zement- und PKW-Lieferungen aus der Sowjetunion erhöht (vgl. Langer, Kuba, S. 86).

Sozialpolitische Erfolge

Obwohl die extreme Armut der Bevölkerungsmehrheit beseitigt ist, die US-Blockade ihr Ziel, »Not und Elend« zu erzeugen, nicht erreicht, sondern der Lebensstandard in Kuba trotzdem steigt, liegen die sichtbarsten Erfolge der Revolution weniger im Wirtschafts- als vielmehr im Sozialbereich. Die selbst von den Gegnern nicht bestreitbaren Fortschritte in diesem Sektor sind möglich, weil die von den arbeitenden Menschen erwirtschafteten Erträge nicht mehr den Aktionären der US-Konzerne und der einheimischen Bourgeoisie zufließen, sondern vom Staat in soziale Programme investiert werden können. Die Umverteilungspolitik verändert die Gesellschaft, führt zu mehr sozialer Gerechtigkeit und dazu, dass Kuba sich immer deutlicher von der ungleichen Einkommensverteilung anderer lateinamerikanischer Staaten unterscheidet. Für die Mehrheit der kubanischen Bevölkerung verbessern sich nicht nur die persönlichen wirt-

36 1980 hat Kuba rund 10 Millionen Einwohner.

schaftlichen, sondern auch die sozialen Lebensverhältnisse. Bis Ende der 1980er Jahre steigt der Anteil des Staatshaushalts für Bildung, Gesundheit und soziale Dienstleistungen auf 47 Prozent. Zahlen belegen den Fortschritt: 1959 kamen auf einen Arzt 1.400 Einwohner, im Jahr 1990 muss ein Mediziner nur noch knapp 200 Patienten betreuen, und heute sind es weniger als 150. Die Säuglings- und Kindersterblichkeitsrate wird unter das Niveau vieler »Erste-Welt-Länder« gesenkt, und die durchschnittliche Lebenserwartung liegt über der in den USA.

Da in Kuba die sozialen Menschenrechte[37] unbestreitbar in höherem Maße verwirklicht sind als in den USA und den meisten europäischen Ländern, halten Kritiker der sozialistischen Inselrepublik meistens angebliche Verstöße gegen die so genannten bürgerlichen und politischen Menschenrechte[38] vor. Im Kern reduzieren sich die Vorwürfe allerdings darauf, dass Kuba ein anderes Demokratiemodell als das der westlichen »Parteiendemokratie« praktiziert und den Informations- und Mediensektor nicht privaten Konzernen und deren Profitinteressen überlassen will. Kuba-Kritiker unterschlagen auch gern, dass das Land seit Jahrzehnten terroristischen Anschlägen ausgesetzt und der Staat verpflichtet ist, Menschen und Einrichtungen zu schützen. Doch trotz tausender Terroropfer hat Kuba niemals zu international geächteten Maßnahmen wie Folter von Gefangenen, Entführungen von Bürgern anderer Länder oder jahrzehntelanger Inhaftierung Hunderter von Menschen ohne Gerichtsverfahren gegriffen. Die in Kuba formal noch bestehende Todesstrafe wird seit 2003 nicht mehr vollstreckt. Als Fidel Castro im Oktober

---

37 Dazu gehören unter anderem die Gleichberechtigung von Mann und Frau, das Recht auf Arbeit, das Recht auf Bildung, das Recht auf den besten erreichbaren Gesundheitszustand, das Recht auf Teilhabe am kulturellen Leben und der Schutz von Familie, Schwangeren, Müttern und Kindern.

38 Dazu gehören unter anderem Meinungsfreiheit, Religionsfreiheit, Reisefreiheit und Versammlungsfreiheit.

1979 zum ersten Mal nach vielen Jahren wieder persönlich an einer Sitzung der UN-Vollversammlung teilnimmt, äußert er sich auch zu der – in Bezug auf Kuba von dessen Gegnern stets geforderten – Diskussion über die Menschenrechte. »Es wird oft über Menschenrechte gesprochen, aber es ist auch notwendig, über die Menschlichkeit zu sprechen«, sagt der Präsident und erklärt, dass er nicht nur für sein Land spricht, sondern auch im Namen der blockfreien Bewegung, deren Vorsitz Kuba zu diesem Zeitpunkt innehat. Dann fährt er fort: »Warum sollen einige Menschen barfuß gehen, damit andere in luxuriösen Autos fahren können? Warum sollen einige bitterarm sein, damit andere unglaublich reich sein können? Ich spreche im Auftrag der Kinder in der Welt, die nicht einmal ein Stück Brot haben. Ich spreche im Auftrag der Kranken, die keine Medizin haben, derjenigen, deren Recht auf Leben und Menschenwürde missachtet wird.«

Mit wenigen Worten beschreibt der Comandante en Jefe, 20 Jahre nach deren Sieg, Motiv und Ziele der Kubanischen Revolution, deren nicht zu bestreitende Erfolge längst nicht mehr nur auf Lateinamerika, Afrika und Asien, sondern auch auf Europa und die USA ausstrahlen. So wird das Bild des ermordeten Guerilleros Che Guevara in den Armenvierteln Lateinamerikas ebenso zum Symbol der »Underdogs« wie in den Slums und Suppenküchen von Harlem. José Martís Vers (Mit den Armen der Erde möchte ich mein Schicksal teilen) wird weltweit bekannt, als der politische Aktivist und Musiker Pete Seeger 1963 in der New Yorker Carnegie Hall zum ersten Mal vor einem großen Publikum das Lied »Guantanamera« anstimmt. Das zutiefst humanistische Konzept José Martís ist nach wie vor Richtschnur der kubanischen Politik, deren sozialpolitisches Engagement nicht nur der Bevölkerung des eigenen Landes zugutekommt. Nach dem Reaktorunfall von Tschernobyl im April 1986 leistet Kuba Soforthilfe für tausende strahlengeschädigte Kinder. Über viele Jahre nimmt die sozialistische Karibikinsel »Tschernobyl-Kinder«

zur Behandlung und Erholung in Tarará (Playa del Este) auf. Die auch in vielen armen Regionen der Welt geleistete »Internationale Solidarität« kostet Ressourcen und Geld. Und das wird in Havanna – nicht nur wegen der in den 1980er Jahren beginnenden weltweiten Schuldenkrise – knapp.

Die Kubanische Revolution ist einer neuen existenzgefährdenden Gefahr ausgesetzt, die diesmal nicht vom Erzfeind im Norden, sondern dem bisherigen engsten Verbündeten ausgeht. Als Gorbatschow im April 1989 Kuba besucht, verlangt er die sofortige Zahlung der kubanischen Verpflichtungen, und die Schulden sollen nicht mehr in konvertierbaren Rubeln, sondern in Dollar beglichen werden (vgl. Langer, Kuba ..., S. 86). Wie so häufig durchschaut Fidel Castro schon früh die wahren Absichten des neuen KPdSU-Generalsekretärs und die Konsequenzen seiner »neuen Politik«. Von seinem ersten Treffen mit Gorbatschow (im Februar 1986) aus Moskau zurückgekehrt, sagt er zu seinem Freund, dem zu diesem Zeitpunkt noch von »Glasnost und Perestroika« beeindruckten Schriftsteller Gabriel García Márquez: »Glaub mir, Gabo, es wird eine Katastrophe geben« (vgl. Coltman, S. 371).

8.
Vom Überlebenskampf zur Stabilisierung

Am 26. Juli 1988 bezeichnet Fidel Castro – in seiner Rede zum Nationalfeiertag – die Politik Gorbatschows als »gefährlich und den Prinzipien des Sozialismus entgegengesetzt«. Im April 1989 reist der Generalsekretär nach Havanna, um die Kubaner auf seine Linie einzuschwören, doch Castro lässt ihn abblitzen. Wenig später, bei der Feier zum Nationalfeiertag am 26. Juli 1989, warnt der Comandante en Jefe auf dem Platz der Revolution vor der Möglichkeit des Untergangs der Sowjetunion und des Sozialismus in Europa. Kuba, versichert er, werde seine Revolution jedoch »auch unter größten Schwierigkeiten« fortsetzen. Im Januar 1990 sagt Kubas stellvertretender Ministerpräsident Carlos Rafael Rodríguez während der letzten RGW-Sitzung in Sofia zu dem neben ihm sitzenden DDR-Ministerpräsidenten Modrow: »Hans, wenn dieser Prozess … weitergetrieben wird, dann werden wir in Kuba alleine bleiben« (vgl. Hermsdorf/Modrow, S. 142). Er behält Recht. Außer der DDR und zunächst auch noch der UdSSR erklären alle RGW-Länder ihre Handelsabkommen mit Kuba für null und nichtig.[39] Fidel Castro muss am 29. August 1990 die »Sonderperiode in Friedenszeiten« ausrufen. Mit dem Ende der Sowjetunion werden im Dezember 1991 auch von dort die Lieferungen und Importe eingestellt. Hatte die Annäherung an die Sowjetunion und die Integration in die sozialistische Staatengemeinschaft die Revolution nach Verhängung der US-Blockade vor dem Ausbluten gerettet, so droht Gorbatschows Kurswechsel sie nun zu vernichten. Das erste sozialistische Land Amerikas verliert seine wichtigsten Partner. Bis dahin wurden 85 Prozent des Außenhandels mit RGW-Ländern abgewickelt, über 90 Prozent des Erdöls und anderer Brennstoffe, 86 Prozent der Rohstoffe, 80 Prozent der Maschinen, Ersatzteile und elektrischen Geräte und 63 Prozent der Nahrungsmittel von dort bezogen. Als die Lieferungen ausbleiben, können viele Betriebe nicht mehr produzieren. Bis 1993 bricht die Zuckerproduktion um 50 Prozent ein. 80 Prozent der Industrieanlagen stehen still. Ein Teufelskreis, der dazu führt, dass die Importe von 8,1 Milliarden US-Dollar im Jahr 1989 auf 2,2 Milliarden im Jahr 1992 fallen. Die Situation der Bevölkerung scheint hoffnungslos. Lebensmittel werden knapp, Personen- und Güterverkehr brechen zusammen, die Versorgung mit Medikamenten kann nicht mehr

39 Nach dem Beitritt der DDR zur Bundesrepublik am 3. Oktober 1990 erlischt deren Mitgliedschaft im RGW. Die Bundesregierung kündigt alle DDR-Verträge mit Kuba auf, besteht aber darauf, dass Kuba seine Schulden in »harter Währung« an die BRD zahlt. Auch die Lieferung von Milchpulver für die Milch, die unentgeltlich an kubanische Kinder verteilt wurde, wird eingestellt. Was, fragt Castro darauf, schert die Kapitalisten schon das Wohlergehen von Kindern?

garantiert werden, Betriebe und Haushalte leiden unter täglichen Stromabschaltungen, Wasser kommt nur noch alle paar Tage für wenige Stunden aus den Leitungen. Die extreme Notlage zwingt viele Menschen dazu, sich mit allen möglichen Überlebenstricks einschließlich kleiner Gaunereien durchzuschlagen. Wer kann, »organisiert« im Betrieb Dinge, die sich verkaufen lassen, junge Frauen und Männer bieten ihre Körper ausländischen Besuchern an. Die »sozialistische Moral« droht unter die Räder zu kommen. »Als die UdSSR und der sozialistische Block zusammenbrachen, hätte niemand auch nur einen Pfifferling auf das Überleben der Kubanischen Revolution gegeben«, erinnert Fidel Castro (vgl. Castro/Ramonet, S. 399).

Gegner sehen Chance für Umsturz

Die USA sehen sich am Ziel ihrer Träume. Die Frucht Kuba scheint reif zu sein und endlich in ihren Schoß zu fallen. US-Präsident George Bush verbreitet, es werde in Kuba bald einen Volksaufstand geben. Er freue sich darauf, »als erster Präsident der USA, in den Straßen eines freien Havanna zu spazieren«. Um auf Nummer sicher zu gehen, will Washington den erhofften Umsturz beschleunigen. Der 1985 gegründete nach Kuba ausstrahlende staatliche US-Rundfunksender »Radio Martí« wird 1990 um den Fernsehkanal »TV Martí« erweitert. Tag und Nacht kreisen Flugzeuge mit Sendeeinrichtungen um die Insel. Die der Regierungsbehörde für Auslandsrundfunk unterstellten Redaktionen von »Radio and TV Martí« sollen »einen Kontrast zu kubanischen Medien bieten und eine unzensierte Sicht auf die aktuellen Ereignisse liefern«. Fidel Castro wendet sich in einer Rede direkt an Präsident George Bush. »Respektieren Sie bitte die Intelligenz derjenigen, die denken können«, fordert er und fügt hinzu: »Beleidigen Sie nicht José Martí!« Tatsächlich werden die jährlich mit Millionen Steuergeldern finanzierten Propagandasender zum Sprachrohr terroristischer exilkubanischer Gruppen in Miami, wie der einflussreichen »Kubanisch-Amerikanischen Nationalstiftung« (Cuban American National Foundation, CANF), die für zahlreiche Anschläge in Kuba verantwortlich ist und unter anderen auch den Terroristen Luis Posada Carriles auf ihrer Payroll hat. Unter ihrem Vorsitzenden Jorge Mas Canosa hat die CANF starken Einfluss auf die Politik. Auf ihren Druck verschärft der Kongress im Oktober 1992 mit dem »Torricelli-Gesetz«, das offiziell als »Demokratiegesetz Kuba« bezeichnet wird, die Blockade. Das neue Gesetz soll innerhalb weniger Wochen zum Sturz Fidel Castros führen.

Dafür sollen auch von der CIA angeheuerte Agenten in Kuba sorgen, indem sie den Unmut der Bürger schüren. Sie werden aktiviert, als 63 Personen am 13. Juli 1994 einen nur für Binnengewässer geeigneten Hafen-Schlepper kapern und aufs offene Meer Richtung Florida lenken. Bei hohem Wellengang und rauer See kollidiert das Holzschiff mit anderen Booten und sinkt. 31 Menschen können von der Hafenpolizei gerettet werden, 32 ertrinken bei dem Unfall. »Radio und TV Martí« verbreiten, Fidel Castro habe persönlich befohlen, das Boot zu versenken und die Passagiere zu töten, »um andere abzuschrecken«. Am 5. August 1994 beginnt der von Washington und den Contras ersehnte »Aufruhr«. US-Propagandasender hatten angekündigt, dass aus den USA Schiffe nach Havanna geschickt würden, und die Bevölkerung aufgefordert, sie an Havannas Küstenstraße Malecón zu erwarten. Als die Schiffe nicht kommen, machen einige hundert junge Männer Krawall. Steine fliegen, Fensterscheiben gehen zu Bruch, Angriffe auf Passanten und Polizisten sorgen für Tumult. Bauarbeiter und Anwohner stellen sich den Krawallmachern entgegen. Als eine Eskalation droht, erscheint Fidel Castro persönlich, woraufhin die Randalierer die Steine fallen lassen und sich zerstreuen. Da die USA eine Vereinbarung, nach der pro Jahr 20.000 Visa für die legale Einreise erteilt werden, nicht einhalten und damit den Frust der Unzufriedenen steigern, erklärt Fidel Castro abermals, dass er jene Kubaner, die die Insel verlassen wollen, nicht daran hindern werde. Einige Tausend »Balseros«[40] versuchen daraufhin mit Flößen in die USA zu gelangen.

Neben wirtschaftlichem Druck, Desinformationskampagnen und Rekrutierung von Systemgegnern, die für Aktionen ausgebildet und bezahlt werden, setzen Contra-Gruppen in Florida vor allem auf Gewalt. Sie werden von der CIA und anderen US-Diensten unterstützt. In den 1990er Jahren verüben eingeschleuste Terroristen eine Serie von Anschlägen gegen Hotels und touristische Einrichtungen in Kuba, um den schnell wachsenden Sektor als Einnahmequelle für Devisen zu schwächen. Im Februar 1996 schießen kubanische Abfangjäger zwei in den USA gestartete Flugzeuge der Organisation »Hermanos al Rescate« ab, nachdem diese illegal in kubanischen Luftraum eingedrungen waren, die Identifizierung verweigerten und Aufforderungen zum Verlassen des Luftraums nicht nachgekommen waren. Eine gezielte Provokation, um das am 5. März 1996 verabschiedete »Helms-Burton-Gesetz«, mit dem die Blockade gegen Kuba nochmals verschärft wird, im Kongress durchzubekommen. Dieses Gesetz erweitert die Anwendung der Blockade auf Drittländer, die bei Verletzung mit Sanktionen belegt werden. Washington übt parallel dazu Druck auf seine europäischen Verbündeten aus. Auf Initiative des rechtskonservativen spanischen Ministerpräsidenten José María Aznar beschließt die Europäische Union am 2. Dezember 1996 den »Gemeinsamen Standpunkt der EU«, der seitdem deren Kubapolitik blockiert. In dem Dokument wird ein Systemwechsel auf der sozialistischen Karibikinsel zur Vorbedingung für normale Beziehungen gemacht. Nach der Verurteilung von 75 Systemgegnern zu teilweise langen Haftstrafen verhängt die EU – wiederum auf Initiative von Aznar – im Frühjahr 2003 eine Reihe von Sanktionen gegen Kuba und leitet damit eine »Eiszeit« in den Beziehungen ein. Viele Re-

40 Begriff für Personen, die mit selbstgebauten »Flößen« (span. balsas) versuchen, Kuba zu verlassen.

gierungen, Organisationen sowie Parteien und deren Stiftungen in Europa beteiligen sich seit Jahrzehnten offen oder verdeckt an den Versuchen, die kubanische Regierung zu diskreditieren und zu stürzen. So werden Kontakte zu Systemgegnern gepflegt und der Aufbau konterrevolutionärer Gruppen finanziell und personell unterstützt. Mächtige Medienkonzerne bauen »unabhängige Journalisten« auf und organisieren dämonisierende Propagandakampagnen. Angebliche NGOs widmen sich vor allem dem Kampf für ein »freies Kuba« und selbst in vorgeblich progressiven Kreisen wird die »Internationale Solidarität« in Bezug auf die Kubanische Revolution oft durch den Begriff der »kritischen Solidarität« ersetzt. Die aufwendigen Desinformationskampagnen zeigen Wirkung. Während in den westlichen Konzernmedien jede vorübergehende Festnahme eines Systemgegners – meist ohne Prüfung der Fakten – für Schlagzeilen sorgt, wird einer der größten Justizskandale der US-Geschichte, der Fall der »Cuban Five«, unter den Teppich gekehrt.

Fünf Helden gegen den Terror

Hunderte Terroraktionen gegen Menschen und Einrichtungen in Kuba sind nachweislich in Florida vorbereitet worden. Sie forderten auf der Insel 3.478 Tote und 2.099 körperlich dauerhaft Versehrte. Auch außerhalb Kubas morden die Gruppen, die sich in Miami stolz als »Anti-Castro-Kämpfer« und »Befreier Kubas« präsentieren. Bei einer Internationalen Anhörung in der renommierten Londoner »Law Society« im März 2014 berichtet der stellvertretende Direktor des alternativen Senders »Radio Miami«, Lorenzo Gonzalo, dass die US-Behörden bisher in kaum einem Fall Maßnahmen gegen die von ihrem Boden aus operierenden Terroristen ergriffen haben. In einer derartigen Situation, führt der Hamburger Völkerrechtler Norman Paech aus, stehe jedem Land das Recht auf Selbstverteidigung zu. Genau aus diesem Grund hatte Kuba in den 1990er Jahren Aufklärer nach Miami geschickt, um weitere Morde zu verhindern.

Die kubanischen Undercoveragenten nehmen in Florida Kontakt zu gewaltbereiten exilkubanischen Gruppen auf und kundschaften deren Anschlagspläne aus. Über die Ergebnisse der verdeckten Ermittlungen informiert Havanna das FBI. Die US-Polizei verhaftet am 12. September 1998 jedoch keinen einzigen der Terroristen, sondern die kubanischen Ermittler. Die Gewalttäter können sich bis heute in den Straßen Miamis frei bewegen und weiterhin Anschläge vorbereiten. Fünf der insgesamt zehn festgenommenen Kubaner halten Verhörmethoden und Isolationshaft nicht aus. Sie verraten ihnen bekannte Details, unterschreiben vorbereitete Geständnisse und belasten damit ihre Gefährten. Nach kurzer Untersuchungshaft werden sie für ihre »Kooperation« mit der Freiheit und neuen Identitäten belohnt. Die anderen, als »Cuban Five« bekannten fünf Aufklärer bekennen sich dagegen zu ihrem Auftrag, ihrer kubanischen Heimat und der Revolution. Sie werfen den USA vor, Terroristen Unterschlupf und Straffreiheit zu gewähren. Obwohl die Kundschafter Fernando González, René González, Antonio Guerrero, Gerardo Hernández und Ramón Labañino mit ihrem Einsatz zahlreiche Terror-Anschläge verhindert und Menschenleben gerettet haben, werden sie zu drakonischen Strafen verurteilt. Unabhängige internationale Beobachter kritisieren Prozesse und Strafmaß als politisch motivierte Willkürakte. Immer wieder werden die Gefangenen in Einzel- und Dunkelhaft eingesperrt, Besuche der Angehörigen werden behindert und in einigen Fällen sogar faktisch verboten. In den Medien der USA und Westeuropas werden die »Cuban Five« als gewöhnliche »Spione« dargestellt. In ihrer Heimat Kuba sind sie dagegen Nationalhelden.

Als erstes Mitglied der Gruppe wird René González nach 13 Jahren im Oktober 2011 auf »Bewährung« entlassen. Er darf im Mai 2013 – nach Verzicht auf seine US-amerikanische Staatsangehörigkeit – für immer nach Kuba zurückkehren. Am letzten Februartag 2014 trifft auch Fernando González Llort, das zweite freigelassene Cuban-Five-Mitglied – nach 15 Jahren, fünf Monaten und 15 Tagen US-Haft – in Havanna ein. Einer seiner ersten Sätze nach der Ankunft lautet: »Der Kampf für die Freiheit unserer noch eingesperrten drei Genossen geht weiter!« Da alle Berufungen abgelehnt wurden, steht die Entlassung von Antonio Guerrero im Jahr 2020 und die von Ramón Labañino erst 2028 an. Gerardo Hernández, der zu zweimal lebenslang plus 15 Jahren Haft verurteilt ist, soll sogar im US-Gefängnis sterben. In Kuba reißt die Welle der Empörung nicht ab. In Betrieben, Schulen, Büros und Universitäten wird auf jeder Veranstaltung, auf Demonstrationen und Kundgebungen die Rückkehr »aller fünf Helden« gefordert. Der Obama-Administration, mit deren Vertretern bereits diskrete Gespräche über Möglichkeiten einer Annäherung geführt werden, wird von der kubanischen Regierung unmissverständlich klargemacht, dass die Entlassung der drei noch inhaftierten Aufklärer eine unverzichtbare Bedingung für die Aufnahme offizieller Gespräche ist. Im Gegenzug, so signalisiert Havanna, wäre Kuba bereit, den dort festgenommenen US-Spion Alan Gross und andere inhaftierte US-Agenten laufen zu lassen. Fast alle Regierungen Lateinamerikas, aber auch China, Russland, Vietnam, Südafrika und andere Länder unterstützen Kubas Forderung. Anhaltende Protestaktionen der Solidaritätsbewegung in aller Welt bringen den Fall – trotz des Nachrichtenboykotts der Mainstream-Medien – ins Bewusstsein der Öffentlichkeit und verstärken den Druck auf die US-Regierung. Dem Weißen Haus wird bewusst, dass der Schlüssel für die Verbesserung der Beziehungen eine Lösung im Fall der »Cuban Five« ist.

Notmaßnahmen in der Krise

Neben der Bedrohung durch Contras, Invasoren und Terroristen steht Kuba vor einer weiteren Herausforderung. Sie besteht – nach Ende des Kalten Krieges – darin, die Wirtschaft wieder auf eigene Füße zu stellen, überlebensfähig zu machen und so umzustrukturieren, dass sie zur Basis für die Gestaltung des kubanischen Wegs zum Sozialismus wird. Anfang der 1990er Jahre sah es allerdings nicht so aus, als würde Kuba sein alternatives Wirtschafts- und Gesellschaftsmodell aufrechterhalten können. Sozialisten und Kommunisten sind weltweit diskreditiert, einige wechseln die Fahne, viele resignieren. Auch die Kubanische Revolution verliert an Strahlkraft. In Kuba, das jetzt völlig auf sich allein gestellt ist, geht es täglich nur noch darum, zu überleben. Das trifft für die Bevölkerung wie für das System zu. Neben dem Ausfall der bisherigen Handelspartner und der aggressiven Politik seiner Feinde machen Naturkatastrophen dem Land zu schaffen. Eine Dürreperiode (Anfang 1992), sintflutartige Regenfälle (Januar 1993) und ein Jahrhundertsturm (März 1993), der zehn Menschenleben fordert, verursachen Schäden in Höhe von mehr als einer Milliarde Dollar. Tausende Gebäude, der Bestand an Zuckerrohr, Zitrusfrüchten, Tabakpflanzen, Gemüse und Kaffee sind vernichtet. Bauern, Arbeiter und Milizen diskutieren über Auswege. In der Not rücken viele enger zusammen, reagieren nicht mit Verzweiflung und Resignation, sondern mit Trotz. Der von den Guerilleros in der Sierra Maestra und den Milizionären in der Schweinebucht bekannte Ausruf »¡Aqui no se rinde nadie!« (Hier ergibt sich niemand!)[41] ist wieder in jeder Versammlung zu hören. Doch die ersten Notmaßnahmen sind lediglich Reaktionen, um das Überleben zu sichern, und weit entfernt von gestalterischen Konzepten. Die Wirtschaftsplanung ist auf reines Krisenmanagement begrenzt.

Mit Beginn der Sonderperiode beschließt das Parlament eine Art Notstandsprogramm, das auch eine Öffnung des Landes für den Weltmarkt vorsieht. Seine wesentlichen Ziele sind:

---

41 Dieser Ausruf wird dem Comandante der Revolution Juan Almeida Bosque (1927–2009) zugeschrieben, der 1956 zur Besatzung der Yacht »Granma« gehörte. Als die Rebellen nach ihrer Landung von Batista-Truppen unter Feuer genommen wurden, rief Almeida dem verletzten Che Guevara zu: »¡Aquí no se rinde nadie, cojones!« (Sinngemäß: »Hier ergibt sich niemand, reiß Dich zusammen!«) Der Ausspruch wurde zu einem Symbol der Revolution.

Sicherung der Grundversorgung, Aufrechterhaltung der (auch für den Export) wichtigsten Produktionsstätten, Konzentration auf strategische Wirtschaftszweige wie Energie, Bergbau und Zuckerwirtschaft sowie die Zulassung »marktkonformer Außenhandelsbeziehungen«. Gleichzeitig werden drastische Einsparprogramme im Energieverbrauch (Stromabschaltungen) und die Rationierung aller verfügbaren Güter und Dienstleistungen beschlossen. In den Jahren 1992 und 1993 zeigt sich, dass die Maßnahmen zur Reduzierung des Verbrauchs von Öl und Elektrizität nicht ausreichen, um einen wirtschaftlichen Zusammenbruch abzuwenden. Das größte Problem ist die Devisenknappheit. Allein durch Verarbeitung und Weiterverkauf des von der UdSSR gelieferten Rohöls hatte das Land zuvor rund 40 Prozent seines Bedarfs an harten Währungen zur Zahlung der Importe decken können. Mit der Entwicklung des Schwarzmarkts wächst in der Bevölkerung zudem die Nachfrage nach Devisen, obwohl deren Besitz zu dieser Zeit noch strafbar ist. Schätzungen zufolge sind neben der offiziellen nationalen Währung, dem Peso Cubano (CUP), im Jahr 1993 rund 500 Millionen Dollar illegal im Umlauf. Gleichzeitig unterliegt der CUP einem galoppierenden Wertverlust. Zwischen 1989 und 1993 steigt der Wechselkurs für einen Dollar auf dem Schwarzmarkt von sieben CUP auf bis zu 140 CUP.

Fast fieberhaft wird nach Wegen gesucht, um den weiteren Verfall zu bremsen und die Wirtschaft zu stabilisieren. Im Juli 1993 kündigt Fidel Castro als erste Maßnahmen die Freigabe des Dollarbesitzes[42] und die Zulassung privater Tätigkeiten an. »Diese Maßnahmen gefallen uns nicht, einige sind unausstehlich, werden unser Leben, unsere Gesellschaft verändern«, sagt er. Im September 1993 werden rund 200 private Tätigkeiten

---

42 Im Jahr 2004 wird der US-Dollar im Zahlungsverkehr innerhalb Kubas durch den »Konvertiblen Peso« (Peso Cubano Convertible, CUC) ersetzt.

zugelassen, um das Angebot an Gütern und Dienstleistungen zu erweitern und Arbeitsplätze zu schaffen. Innerhalb von zwei Jahren sind über 200.000 Menschen im Sektor der »Trabajo por cuenta propia« (Arbeit auf eigene Rechnung) tätig. Es entstehen private Paladares (Restaurants), Friseursalons, Nagelstudios, Tischlereien und Transportanbieter. Zugleich wird die Landwirtschaft reformiert. Um die Nahrungsmittelproduktion anzukurbeln, wird ein Teil der Staatsbetriebe in selbstständige Kooperativen überführt, die ihre über dem Plan liegenden Erträge auf den freien Bauernmärkten verkaufen. Diese »Mercados Agropecuarios« stehen auch privaten Kleinbauern zur Verfügung. All das führt zu einer langsamen Entspannung des Binnenmarktes. Devisenknappheit, veraltete Industrieanlagen und fehlende internationale Handelspartner erfordern aber weitere Veränderungen. Die Lösung sollen der Einstieg in den Massentourismus, die Öffnung des Landes für ausländische Investoren und die Schaffung von »Joint Ventures« bringen. Zudem werden ein neues Investitionsgesetz und Zollregelungen verabschiedet, die den Im- und Export erleichtern. Die Summe der Maßnahmen zeigt Wirkung. Nachdem das Bruttoinlandsprodukt (BIP) zwischen 1990 und 1993 um knapp 50 Prozent gefallen war, wird 1994 wieder ein geringes Wachstum von 0,7 Prozent gemeldet. Im folgenden Jahr steigt das BIP um 2,5 Prozent, und 1996 werden sogar 7,8 Prozent erreicht. Es sieht zunächst so aus, dass die Wirtschaft sich auf niedrigem Niveau stabilisiert und die Talsohle durchschritten ist.

Schon bald zeigt sich aber, dass die einzelnen Maßnahmen zwar zu leichten Verbesserungen führen, jedoch eher ein Flickenteppich sind als ein schlüssiges Wirtschaftskonzept. So wird der Versuch, sich im Weltmarkt zu behaupten, allein schon durch die US-Blockade und den damit verbundenen Schwierigkeiten bei der Aufnahme internationaler Kredite torpediert. In der Sonderperiode entstehen zudem neue Probleme wie Schattenwirtschaft, Schwarzmarkt und Unterschlagung. Am 17. November

2005 fragt Fidel Castro während einer Rede in der Universität von Havanna die Studenten: »Glaubt ihr, dass dieser revolutionäre sozialistische Prozess scheitern kann oder nicht?« Als die Zuhörer erwartungsgemäß »Nein« rufen, irritiert Castro sie mit der Frage: »Habt ihr gründlich darüber nachgedacht?« Später warnt er: »Dieses Land kann sich selbst zerstören. Diese Revolution kann sich zerstören. Die Vereinigten Staaten können es heute nicht mehr. Aber wir ja, wir können sie zerstören.« Die Rede sorgt international für Aufsehen. »Castro erklärt die Revolution für gescheitert«, jubelt die Contra-Presse. Tatsächlich will der Comandante aufrütteln, Blick und Bewusstsein schärfen, eine gründliche Analyse der eigenen Irrtümer, Versäumnisse und Fehler sowie eine offene Debatte darüber anstoßen. Seine Warnung ist auch nicht übertrieben. Nach zunächst noch beachtlichen Wachstumsraten in den Jahren 2005 und 2006 wird den kubanischen Ökonomen spätestens seit 2007/2008 klar, dass das Land auf einen wirtschaftlichen Kollaps zusteuert. Trotz positiver Entwicklung in einigen Bereichen, wie Zuwächsen im Tourismus und günstigen Lieferverträgen für Öl aus Venezuela, überwiegen die negativen Einflüsse. Hurrikans und Dürreperioden verursachen zwischen 1998 und 2008 erneut Verluste in Höhe von 22 Milliarden Dollar (rund 20 Prozent des Staatshaushalts). Preisschwankungen auf dem Weltmarkt schmälern zwischen 1997 und 2009 den Ertrag der von Kuba exportierten Güter um 15 Prozent. Die 2007 beginnende Weltwirtschaftskrise trifft Kuba – wie alle Staaten der »Dritten Welt« – zudem besonders hart. Diese externen Faktoren verschärfen die durch Ineffizienz des eigenen Produktions- und Dienstleistungssektors verursachten Probleme. Zwischen 1998 und 2007 liegen zwei der 6,6 Millionen Hektar Ackerland brach und sind mit Marabú-Gestrüpp[43] überwuchert. Allein 2008 müssen über 2,4 Milliarden Dollar für

43 Ein sich rasant ausbreitender Dornenstrauch, der als Fluch der kubanischen Landwirtschaft gilt.

Importe von Lebensmitteln aufgewendet werden – gut achthundert Millionen mehr als im Vorjahr.

Im April 2008 und im Juli 2009 wird die ernste Lage in den Plenen des Zentralkomitees der PCC zum Hauptthema gemacht und eine Kommission beauftragt, die Probleme zu analysieren und Vorschläge zu deren Lösung zu entwickeln. »Alles kommt auf den Prüfstand«, lautet die Ansage. Im August 2010 berät das Parlament über das weitere Vorgehen. Die Vorschläge der Kommission sollen der Bevölkerung präsentiert und breit diskutiert werden, bevor sie im April 2011 dem 6. Parteitag der Kommunistischen Partei zur Beratung und Abstimmung vorgelegt werden. Im Anschluss daran ist es wieder Aufgabe der Nationalversammlung (wie das Parlament auch genannt wird), nach endgültiger Beschlussfassung, Gesetzesinitiativen und andere Maßnahmen zur Umsetzung auf den Weg zu bringen.

Aktualisierung von Wirtschaft und Gesellschaft

Im November 2010 legt der ZK-Ausschuss ein 30 Seiten umfassendes Papier, die »Leitlinien der Wirtschafts- und Sozialpolitik der Partei und der Revolution« (in Kuba »Lineamientos« genannt), vor. Die darin enthaltenen Vorschläge zur Umstrukturierung werden in mehr als 163.000 Versammlungen in Betrieben, Universitäten und Stadtteilen diskutiert. Der von Systemgegnern und westlichen Medien aufgestellten Behauptung, dass dies reine Showveranstaltungen seien, die keinerlei Einfluss hätten, steht entgegen, dass rund 780.000 Änderungsvorschläge eingereicht werden. Rund 60 Prozent der ursprünglichen Vorschläge werden als Ergebnis der Diskussionen verändert. Dem 6. Parteitag der Kommunistischen Partei Kubas, der am 16. April 2011 – 50 Jahre nach der Proklamation des sozialistischen Charakters der Kubanischen Revolution – eröffnet wird, liegen schließlich Entwürfe für über 300 Leitlinien vor, die während des Fünfjahresplans 2011 bis 2015 umgesetzt werden sollen. Die vorausgegangene Analyse ist schonungslos. Neben der Darstellung von Verlusten durch Blockade, Naturkatastrophen und internationale Krise stehen die selbst verursachten Probleme im Zentrum. Nach den Untersuchungen erbringen über eine Million Beschäftigte in staatlichen Betrieben und Verwaltungen keine Leistungen, unflexible Betriebsführungen werden zu Produktivitätskillern, zentralisierte bürokratische Verwaltungen bremsen die Produktion zusätzlich, Vetternwirtschaft und Korruption sind verbreitet und zerstören die Arbeitsmoral. Auch von der angestrebten Nahrungsmittelsouveränität ist das Land weit entfernt. Obwohl die Vergabe von brachliegenden Ackerflächen an Einzelbauern sich als sinnvoll erweist, muss noch immer ein Großteil der Lebensmittel für kostbare Devisen importiert werden. Im Bildungsbereich wird unter anderem darüber diskutiert, dass mehr als 1.400 Schulen pro Jahrgang nur noch fünf oder weniger Schüler haben und der Aufwand dafür nicht mehr haltbar ist. Die Sozialpolitik entspricht weitgehend noch den Anforderungen aus der Zeit unmittelbar nach dem Sieg der Revolution. Soziale Leistungen werden im Gießkannenprinzip – unabhängig von der Einkommenssituation – gewährt. So erhalten relativ gut verdienende Quentapropistas (Beschäftigte, die auf eigene Rechnung arbeiten) und von Angehörigen aus dem Ausland unterstützte Kubaner die gleichen Leistungen wie wirklich Bedürftige. Nach dreitägigen, oft hitzigen Diskussionen kommen die 997 Delegierten zu dem Ergebnis, dass das seit gut 50 Jahren bestehende kubanische Gesellschaftsmodell dringend »fit gemacht« werden muss, um gegenwärtige und künftige Herausforderungen bestehen zu können. Der Parteitag beschließt am Ende ein aus 313 Maßnahmen bestehendes Paket zur »Aktualisierung« von Wirtschaft und Gesellschaft.[44] Die Ziele der »Lineamientos« bestehen darin, das sozialistische Gesellschafts-

44 Eine ausführliche Darstellung über Hintergründe und Details des Aktualisierungsprozesses gibt der langjährige DDR-Botschafter in Kuba, Heinz Langer, in seinem Buch »Mit Bedacht, aber ohne Pause« (siehe Literaturverzeichnis).

system unter den veränderten Bedingungen überlebensfähig zu machen. Dazu sollen Abhängigkeiten reduziert werden und die Anbindung Kubas an den Weltmarkt erfolgen. Voraussetzungen dafür sind Steigerung der Produktivität, Erhöhung der Eigenverantwortung, leistungsbezogene Vergütungen sowie der Abbau von Bürokratie, Zentralismus und Gleichmacherei[45]. Ziele der ersten, bis Ende 2015 / Anfang 2016 vorgesehenen Phase des Prozesses sind innerhalb des Landes auch die Anhebung der Einkommen und die Stabilisierung des Lebensstandards. Erste Maßnahmen zur Beseitigung des Systems der Doppelwährung von »Peso Cubano« (CUP) und »Peso Cubano Convertible« (CUC) sollen in diesem Zeitraum ebenfalls eingeleitet werden (vgl. Fußnote 42).

In seinem Bericht an den Parteitag betont Raúl Castro[46], dass das Ziel aller Maßnahmen die »Verteidigung des Sozialismus« und nicht – wie von einigen ausländischen Kommentatoren kolportiert – dessen Abschaffung sei. Keine der Errungenschaften der Revolution werde aufgegeben, das sozialistische Prinzip der Planwirtschaft bleibe erhalten. Niemand, erklärt der Parteichef in Richtung USA und Europa, solle sich der Illusion hingeben, dass die Maßnahmen erste Schritte für eine Rückkehr zum kapitalistischen und neokolonialen Kuba vor der Revolution seien. Die Konzentration von Eigentum an Produktionsmitteln in Privatbesitz werde Kuba auch in Zukunft nicht dulden. Unter diesen Prämissen wird die Umsetzung der Maßnahmen in den

---

45 Gemeint ist, dass das sozialistische Prinzip »Jeder nach seinen Fähigkeiten, jedem nach seinen Leistungen« zur Grundlage der Sozialpolitik wird. Löhne sollen zum Beispiel ergebnisabhängig ausfallen, einkommensunabhängige Sozialleistungen schrittweise abgebaut und für wirklich Bedürftige ein Netz von Sozialleistungen geschaffen werden.

46 Raúl Castro wird auf dem 6. Parteitag im April 2011 als Nachfolger seines Bruders Fidel, der das Amt aus gesundheitlichen Gründen aufgibt, zum Ersten Sekretär des Zentralkomitees der Kommunistischen Partei Kubas gewählt. Aus dem gleichen Grund wurde er bereits 2008 zum Präsidenten des Staats- und Ministerrats der Republik Kuba gewählt.

Jahren 2011 bis 2015 Stück für Stück in Angriff genommen. Der Abbau des Überhangs von rund einer Million Beschäftigten in den Staatsbetrieben soll zum Beispiel möglichst ohne das Risiko von Erwerbslosigkeit für die Betroffenen erfolgen. Angebote zur Umschulung, Anreize zum Wechsel in den Gesundheits- und Erziehungssektor oder in die Landwirtschaft und die Vergabe von Krediten für »Beschäftigte auf eigene Rechnung« (Quentapropistas) tragen dazu bei, dass dies weitgehend gelingt. Im Mai 2015 sind etwas mehr als eine halbe Million »Quentapropistas« registriert. Neben selbstständigen Handwerkern wie Tischlern, Maurern, Klempnern und Elektrikern bieten auch Sprachlehrer, Übersetzer, Informatiker oder Fotografen ihre Dienstleistungen auf »eigene Rechnung« an. Ein neues Steuersystem soll Provinzen und Gemeinden Einnahmen bringen, die kommunale Investitionen (etwa für Gebäudesanierungen in Schulen, Kitas und Polikliniken sowie Straßenreparaturen) in eigener Regie ermöglichen. Der einsetzende »Boom« bei der Renovierung privater Häuser und Wohnungen wird durch staatliche Kredite und Preissenkungen für Baumaterial angekurbelt. Die traditionelle, aber zuletzt wenig erfolgreiche Zuckerindustrie wird mit Investitionen in Höhe von zehn Millionen Dollar pro Jahr modernisiert. Neben den Rohstoffen Nickel und Kobalt werden zunehmend Erdöl und dessen Verarbeitung zum Standbein der kubanischen Wirtschaft. Produktion und Export von Arzneimitteln wie insgesamt die Exportorientierung der Wirtschaft werden weiter verstärkt, während Importe zurückgefahren werden. Als wichtige Faktoren der Wirtschaft werden – neben den auf Kosten Kubas fortgeführten internationalen Einsätzen von Ärzten, Pädagogen und anderen Fachkräften in der »Dritten Welt« – das Angebot vergüteter ärztlicher Dienstleistungen in medizinisch unterversorgten Ländern sowie der Tourismussektor ausgebaut. Im Januar 2014 wird in der 45 Kilometer westlich von Havanna gelegenen Bucht von Mariel der größte Containerhafen der Karibik eingeweiht, der auch zum Umschlagszentrum für die

Region ausgebaut wird. Zugleich wird der erste Abschnitt der dortigen neuen Sonderwirtschaftszone ZEDM (Zona Especial de Desarrollo Mariel) seiner Bestimmung übergeben. Im März 2014 verabschiedet das Parlament ein neues Gesetz über Auslandsinvestitionen, mit dem Voraussetzungen geschaffen werden, um ausländische Investitionen in nahezu allen Bereichen der Wirtschaft zu ermöglichen. Die Führung des Landes erhofft sich von den neuen Regelungen neben dem Zustrom ausländischen Kapitals, dem verstärkten Einsatz moderner Technologien und dem Zugang zu neuen Märkten auch bessere Chancen für die Verwertung kubanischer Produkte und Dienstleistungen über internationale Handelsketten. Deutliche Entlastung für die chronisch knappen Devisenressourcen des Landes bringen Vereinbarungen mit Mexiko und Russland zur Regelung der Auslandsschulden. Im Oktober 2013 hat Mexiko dem Nachbarn 70 Prozent der Staatsschulden, deren Gesamtsumme 487 Millionen Dollar ausmacht, erlassen. Der russische Präsident Wladimir Putin hat im Juli 2014 ein noch größeres Geschenk im Gepäck. Russland verzichtet auf 90 Prozent der noch zu Sowjetzeiten angehäuften Schulden in Höhe von insgesamt rund 35 Milliarden Dollar. Der verbleibende Betrag von gut drei Milliarden Dollar soll in gemeinsame Projekte in dem Inselstaat investiert werden. Das verschafft Luft und öffnet die Tür für neue Kredite, die für Kubas ambitionierte Zukunftspläne wichtig sind. Der erweiterte Spielraum für öffentliche Vorhaben soll unter anderem für den Bau von Windparks an 13 Standorten und großen Solaranlagen genutzt werden. Auf einer Windenergiekonferenz im Juni 2014 wird das offizielle Ziel genannt, bis zum Jahr 2030 zehn Prozent des Stroms aus regenerativen Quellen zu gewinnen. Um das Gesellschaftsmodell eines »wohlhabenden und nachhaltigen Sozialismus« (Socialismo próspero y sostenible) wie geplant weiterzuentwickeln und »die dazu notwendigen großen Projekte« auf den Weg zu bringen, brauche Kuba pro Jahr zwei bis 2,5 Milliarden Dollar ausländische Investitionen, sagt der Vizepräsident des Ministerrats, Marino Murillo, im Parlament. Nur dann könne das Land das für seine Entwicklung erforderliche jährliche Wirtschaftswachstum von fünf bis sieben Prozent erreichen. Obwohl die Wirtschaft mit Umsetzung der »Lineamentos« wieder Zuwächse meldet, reichen diese dafür bei weitem noch nicht aus. Mit 4,7 Prozent im ersten Halbjahr 2015 (im gesamten Jahr 2014 waren es 1,4 %, 2013: 2,7 % und 2012: 3,1 %) liegt Kubas Wirtschaftswachstum zwar über dem der meisten EU-Länder, doch von den anvisierten Ergebnissen ist es noch entfernt.

Außer in der Wirtschaft finden auch in nahezu allen anderen Bereichen der Gesellschaft Veränderungen statt. So traten am 14. Januar 2013 neue Reiseregelungen in Kraft. Kubanische Bürger brauchen für Auslandsreisen künftig nur noch ihren Reisepass und ein Einreisevisum des Ziellandes. Neben den Diskussionen über die geplante Vereinheitlichung der Doppelwährung, ist vor allem die Kritik an dem im internationalen Vergleich extrem niedrigen Lohnniveau ein Dauerbrenner. Im Jahr 2014 steigen die Einkommen zwar im Schnitt um 9,1 Prozent, doch ist die Zahl vor allem auf überdurchschnittliche Entgelterhöhungen für die Beschäftigten im Gesundheitswesen und im Sportbereich zurückzuführen. Gewerkschafter und Wirtschaftspolitiker fordern für die nächsten Jahre deutliche Einkommenssteigerungen auch in anderen Sektoren. Letztere weisen aber auch darauf hin, dass dies eine Erhöhung der Produktivität in allen Bereichen voraussetzt. »Um Reichtum zu verteilen, muss er erst einmal geschaffen werden«, fasst Raúl Castro die Diskussion zusammen. Einkommensvergleiche zu anderen Ländern sind ohnehin problematisch, da den niedrigen Einkünften auch – im internationalen Vergleich – verschwindend geringe Ausgaben gegenüberstehen. So sind die Angebote im Gesundheits- und Bildungswesen für alle kostenlos, während die Preise für Grundnahrungsmittel, Strom, Gas, Wasser, Transport sowie der Eintritt für Kino-, Theater-, Musik- und Sportveranstaltungen vom Staat auf symbolische Beträge heruntersubventioniert werden. Die jüngste Volkszählung belegt zudem, dass Kuba weltweit zu den Ländern mit dem höchsten Anteil privater Wohnungsbesitzer gehört. Rund 90 Prozent der knapp 11,2 Millionen Einwohner sind Eigentümer ihrer vier Wände, Mieterhöhungen, Grundsteuern und andere Abgaben, Gebühren oder Nebenkosten unbekannt.

9. Kubas neue Rolle in der Welt

Zu Beginn der 1990er Jahre steht Kuba nicht nur wirtschaftlich, sondern auch außenpolitisch vor einem Scherbenhaufen. Ermutigt durch den Zerfall der sozialistischen Staaten in Mittel- und Osteuropa stellt US-Präsident George Bush im Juni 1990 seine »Enterprise for the Americas Initiative« vor, die auch als »Bush-Plan« oder »Bush-Initiative« bezeichnet wird. Nach »den Veränderungen in Europa« seien jetzt auch in den meisten Ländern seines Kontinents Vertreter von Eliten und Politiker an der Macht, die erkannt hätten, dass »die Zukunft Lateinamerikas in … freien Märkten liegt«, erklärt Bush. Sein Ziel ist eine Freihandelszone von Alaska bis Feuerland. Nachfolger William Clinton setzt den ersten Schritt dazu am 1. Januar 1994 mit Gründung des Nordamerikanischen Freihandelsabkommens (NAFTA)[47] um. Dem Vertrag wird eine Vorrangposition gegenüber nationalem Recht eingeräumt. Die Folgen sind verheerend. Während multinationale Unternehmen vom Wegfall der Handelsschranken zwischen den Ländern profitieren, verschlechtert sich die Situation für die Mehrheit der mexikanischen Bevölkerung. Trotzdem beschließen die Staats- und Regierungschefs des Kontinents[48] 1994 auf dem ersten Amerikagipfel in Miami die Schaffung einer panamerikanischen Freihandelszone (ALCA). Sie soll 800 Millionen Menschen in 34 Ländern Amerikas (alle mit Ausnahme Kubas)

47 Zwischen den USA, Kanada und Mexiko.

48 Alle außer Fidel Castro, der auch nicht eingeladen war.

in eine einzige Handels- und Wirtschaftszone unter dem Einfluss der USA integrieren. Auf dem vierten Amerikagipfel 2005 im argentinischen Mar del Plata soll der größte gemeinsame Markt der Welt – frei von allen Fesseln nationaler Bestimmungen, Umwelt- und Sozialstandards – entstehen. Doch dort erlebt Präsident George W. Bush wie der amerikanische Traum seines Vaters zerplatzt. Angeführt vom bolivianischen Präsidentschaftskandidaten, dem Bauernführer Evo Morales, demonstrieren mehr als 40.000 Menschen unter der Losung »Nein zu ALCA«. Im Stadion des argentinischen Seebades spricht Venezuelas Präsident Hugo Chávez auf einem Gegengipfel. »Wir sind hier in Mar del Plata zusammengekommen, und jeder von uns hat eine Schaufel mitgebracht, denn heute begraben wir die ALCA«, sagt Chávez. Dann ruft er: »Wir müssen nicht nur der ALCA das Grab schaufeln, sondern auch dem Modell des Kapitalismus. Unsere zweite Aufgabe besteht darin, eine neue Zeit hervorzubringen, eine neue Geschichte, eine neue Integration.«

Integration statt Hegemonie

Der Architekt dieses Integrationsprozesses heißt Fidel Castro. Während die Linke in Europa im Jahr 1990 von einer Schockstarre gelähmt zu sein scheint, entwickelt der kubanische Revolutionsführer – trotz der schweren Krise im eigenen Land – gemeinsam mit dem Vorsitzenden der brasilianischen Arbeiterpartei PT und späteren Präsidenten, Luiz Ignácio Lula da Silva, das Konzept für ein Forum linker lateinamerikanischer Parteien und Organisationen. Vom 4. bis 6. Juli 1990 findet in der gleichnamigen brasilianischen Stadt das »Erste Treffen von São Paulo«[49] mit 48 teilnehmenden Gruppen, darunter die Kommunistische Partei Kubas, statt. Dort spielt der rund hundert

49 Später wird das »Bündnis gegen Neoliberalismus für eine neue Ära in Lateinamerika« als »Forum São Paulo« zu einer ständigen Plattform für die Entwicklung politischer Strategien für Lateinamerika und die Welt.

Jahre zuvor von José Martí verfasste berühmte Essay »Unser Amerika« (Nuestra América)[50], in dem er die nordamerikanische Interessenpolitik in Lateinamerika kritisiert und eine antiimperialistische Allianz aller mittel- und südamerikanischen Staaten vorschlägt, wieder eine Rolle. Der als »Apostel des freien Amerikas« bezeichnete Autor forderte darin: »Die Bäume haben sich so in Reih und Glied aufzustellen, dass der Riese mit den Siebenmeilenstiefeln nicht durchkann. Die Stunde der Abrechnung und des gemeinsamen Marsches ist gekommen, und wir müssen in geschlossenem Block gehen…« (vgl. Martí, Mit Feder und Machete, S. 63). Martís Vision vom unabhängigen Amerika ergreift immer mehr Menschen des Kontinents. Das von den herrschenden neoliberalen Regimen auf Druck der USA angerichtete wirtschaftliche Desaster hat soziale Ungleichheit, Hunger und Elend in der Region verstärkt. Die sich zum Sozialismus bekennenden linken Parteien, Gewerkschaften und Bauernorganisationen, denen das kubanische Modell als Vorbild gilt, gewinnen an Stärke und Einfluss. Am 6. Dezember 1998 wird Hugo Chávez mit 56,5 Prozent der Stimmen zum Präsidenten Venezuelas gewählt. Einen Monat später führt ihn sein erster Staatsbesuch nach Kuba. In den folgenden Jahren siegen linksgerichtete oder Mitte-Links-Parteien, bzw. Bündnisse in Brasilien, Argentinien, Uruguay, Honduras[51], Bolivien, Chile, Nicaragua, Ecuador, El Salvador und Paraguay[52].

---

50 Das Werk wurde zuerst am 1. Januar 1891 in der New Yorker »Revista Ilustrada« veröffentlicht und am 30. Januar 1891 in der mexikanischen Zeitschrift »El Partido Liberal«.

51 Der am 27. November 2005 gewählte Präsident Manuel Zelaya wird am 28. Juni 2009 von rechtsgerichteten Militärs gestürzt und auf einen US-Luftwaffenstützpunkt nach Costa Rica ausgeflogen. In der BRD äußert die FDP-nahe Friedrich-Naumann-Stiftung »Verständnis« für die Putschisten.

52 Der am 15. August 2008 gewählte Präsident Fernando Lugo, ein ehemaliger Bischof, wird am 22. Juni 2012 durch einen »parlamentarischen Putsch« gestürzt.

Als Alternative zu den ALCA-Plänen Washingtons gründen Fidel Castro und Hugo Chávez die »Alternativa (später: Alianza) Bolivariana para los Pueblos de Nuestra América«, die Bolivarianische Allianz für die Völker unseres Amerika, deren Abkürzung (ALBA) auch für »Morgenröte« steht. Im Oktober 2000 unterzeichnen die Präsidenten den ersten bilateralen Vertrag zur Kooperation in den Bereichen Gesundheit, Bildung, Transport, Energie, Luftfahrt und Sport, am 14. Dezember 2004 wird die ALBA formal – zunächst nur von Kuba und Venezuela – gegründet. In der Gründungserklärung heißt es, »dass die ALBA die Umwandlung der lateinamerikanischen Gesellschaften zum Ziel hat, um mehr Gerechtigkeit, mehr Kultur, mehr Teilnahme und Solidarität zu ermöglichen. Sie ist deshalb als ein integraler Prozess konzipiert, der die Beseitigung der sozialen Ungleichheit sichert, die Lebensqualität erhöht und die wirksame Beteiligung der Völker an der Gestaltung ihres eigenen Schicksals gewährleistet.«[53] Im Jahr 2015 gehören dem Bündnis 11 Staaten Lateinamerikas und der Karibik als Mitglieder und fünf weitere Länder als Beobachter an. Ein weiterer Schritt zur Integration im Sinne Martís erfolgt mit Gründung der »Gemeinschaft der Lateinamerikanischen und Karibischen Staaten« (CELAC) im Februar 2010. Diese Organisation, die eine Gesamtbevölkerung von über 550 Millionen Menschen repräsentiert, besteht aus 33 Mitgliedsländern (alle Staaten des Doppelkontinents mit Ausnahme der USA und Kanadas). Die CELAC gilt als Alternative zur 1948 von den USA initiierten und dominierten OAS. Auf dem Gründungsgipfel in Caracas[54] bekennen sich die Staats-

53 Als nächste treten – nach den Wahlsiegen von Evo Morales und Daniel Ortega – Bolivien (April 2006) und Nicaragua (Januar 2007) der ALBA bei. Mit dem Beitritt Boliviens wird der Handelsvertrag der Völker (Tratado de Comercio de los Pueblos/TCP) unterzeichnet, der solidarische Handelsbeziehungen zwischen den ALBA-Staaten vorsieht.

54 Das ursprünglich bereits für Sommer 2011 geplante offizielle Gründungstreffen der CELAC findet wegen der Erkrankung des venezolanischen Präsidenten Hugo Chávez am 2./3. Dezember 2011 statt.

und Regierungschefs der Mitgliedsländer zu dem Ziel, »den politischen, wirtschaftlichen, sozialen und kulturellen Integrationsprozess« voranzutreiben und verabschieden eine Erklärung, in der das Recht jeder Nation anerkannt wird, »frei und in Frieden ihr eigenes politisches und wirtschaftliches System aufzubauen«.

Aus der Isolation an die Spitze

Am 28. Januar 2013, dem 160. Geburtstag José Martís, übernimmt Raúl Castro die jährlich wechselnde CELAC-Präsidentschaft. Damit verbunden ist die Aufgabe Havannas, das Gipfeltreffen der Gemeinschaft im folgenden Jahr auszurichten. Während dieses zweitägigen Gipfels wird die kubanische Hauptstadt zum politischen Zentrum der Region. Das Scheitern der US-Politik, die noch immer versucht, das erste sozialistische Land Amerikas zu isolieren, wird offensichtlich. »Jetzt sprechen die Völker und nicht mehr die Vertreter der Oligarchien unserer Länder«, beschreibt Boliviens Präsident Evo Morales die neue Entwicklung und fasst die Debatten in dem Satz zusammen: »Lateinamerika und die Karibik dürfen niemals mehr durch die Vorgaben des Imperiums beherrscht werden, und wir sind entschlossen, den Raub unserer natürlichen Ressourcen ein für alle Mal zu beenden.« Trotz dieser Worte warnt Raúl Castro: »Die Bedrohung des Friedens und die ausländischen Einmischungen in unserer Region werden fortgesetzt«. Er schlägt vor, die Staaten Lateinamerikas und der Karibik zu einer »Zone des Friedens« zu erklären. In dem Dokument wird »jede kriegerische Auseinandersetzung zwischen den Ländern in der Region« vertraglich geächtet. Die Staats- und Regierungschefs vereinbaren, Meinungsverschiedenheiten und Konflikte durch Gespräche und Verhandlungen beizulegen und gleichzeitig jede Anwendung oder Androhung von Gewalt zu unterlassen, zudem wird der Beschluss gefasst, ein CELAC-China-Forum ins Leben zu rufen.

Havannas Engagement im Staatenbündnis ALBA ist eine Erfolgsgeschichte. Vor dessen Gründung engagiert Kuba sich bereits in 66 Ländern mit Gesundheitsmissionen. Rund 50.000 kubanische Mediziner behandeln Menschen in den ärmsten Regionen der Welt. Die USA versuchen deren Arbeit mit dem eigens dafür geschaffenen Programm »Cuban Medical Professional Parole« zu sabotieren. Mit Hilfe dieses US-Programms wird medizinisches Personal aus Kuba bei Auslandseinsätzen »abgeworben« und mit finanziellen Anreizen zur Emigration in die USA gelockt. Doch nur eine verschwindend kleine Zahl kubanischer Ärzte lässt sich auf solche Abwerbe-Aktionen ein. Zum Wohle ihrer Patienten in aller Welt. Rund 2,6 Millionen Menschen in 34 Ländern sind in den vergangenen Jahren durch das Hilfsprogramm »Misión Milagro« vor dem Erblinden bewahrt worden. Doch Kubas Engagement geht weiter. Trotz US-Blockade und eigener ökonomischer Probleme fördert die sozialistische Insel die Ausbildung ausländischer Ärzte und Spezialisten im Gesundheitswesen. Zehntausende junge Menschen aus Ländern, in denen ein Medizinstudium vor allem den Angehörigen der Oberschicht vorbehalten ist, erhalten in der am 15. November 1999 auf Initiative Fidel Castros gegründeten Lateinamerikanischen Hochschule für Medizin (ELAM) in der Nähe von Havanna Stipendien. Nach Ausbruch der Ebola-Epidemie in Westafrika starrt die wohlhabende »westliche Staatengemeinschaft« im Jahr 2014 noch wie das Kaninchen auf die Schlange, als Havanna bereits hunderte freiwillige Helfer nach Sierra Leone, Liberia und Guinea in Marsch setzt. Die Welt, einschließlich der USA, zollt der Karibikinsel für einen Moment Anerkennung und Respekt, doch kaum ein Politiker oder Journalist reflektiert, warum ausgerechnet dieses an Finanzmitteln und natürlichen Ressourcen arme Land zu einer derartigen humanitären Leistung imstande ist. Auch die Geißel des Analphabetismus wird mit Havannas Hilfe erfolgreich bekämpft. Mit dem kubanischen Programm »Yo sí puedo« lernen Millionen Menschen in aller Welt Lesen und Schreiben. Dank dieses Konzeptes und des Einsatzes kubanischer Pädagogen sind die ALBA-Länder die erste zusammenhängende Region Süd- und Lateinamerikas, der die UNESCO bescheinigt, den Analphabetismus überwunden zu haben. Auch im überwiegend privaten Mediensektor des Kontinents präsentiert ALBA eine Alternative. Die Idee Fidel Castros, als Gegengewicht zu den Monopolmedien des Nordens eine nicht gewinnorientierte lateinamerikanische Agentur aufzubauen, wird mit der Gründung von teleSUR, dem »Fernsehen des Südens«, das am 24. Juli 2005, dem 222. Geburtstag Simón Bolívars seinen Sendebetrieb aufnimmt, umgesetzt. Aus dem »Fernsehen der ALBA«, wie Chávez es noch nennt, ist mittlerweile eine weltweit anerkannte Medienagentur und eine Alternative zu CNN und dem Meinungsmonopol der US-amerikanischen und europäischen Konzerne geworden.

ALBA, CELAC und eine Reihe weiterer Regionalbündnisse sind von Kubas Einfluss geprägt. Das Land, das nach Washingtons Plänen wirtschaftlich ausgehungert und politisch isoliert werden sollte, hat nach dem Verlust seiner früheren Bündnispartner nicht nur die Errungenschaften seiner Revolution verteidigt, sondern ist in weniger als zwei Jahrzehnten auch zum respektierten und wichtigen Akteur der Weltpolitik geworden. Mit seiner Position in Lateinamerika ist Kuba ein Faktor, an dem nicht mehr vorbeizukommen ist.

Neue strategische Allianzen

Mit Verschärfung der Blockade durch das Helms-Burton-Gesetz und der Verabschiedung des Gemeinsamen Standpunktes hoffen USA und Europäische Union im Jahr 1996, auch in Kuba den Sozialismus beseitigen zu können. In dieser Situation reist Fidel Castro nach Rom, wird am 19. November 1996 von Papst Johannes Paul II. im Vatikan empfangen und lädt diesen nach Kuba ein. Einige sehen darin einen diplomatischen Erfolg, andere warnen. Schließlich hatten die Besuche Karol Wojtylas in seiner Heimat den Untergang des Sozialismus in Polen eingeleitet. Doch die Kuba-Visite im Januar 1998 bleibt ohne derartige Folgen. Wie der Vatikan bereits seit mehr als 30 Jahren, verurteilt auch dieser Papst die US-Blockade gegen Kuba. Sein Nachfolger Benedikt XVI., ebenfalls ein strammer Antikommunist, besucht die Insel im März 2012. Papst Franziskus, der erste Pontifex Maximus aus Lateinamerika, setzt die Tradition mit seiner Kubareise im September 2015 fort. Anders als Politiker in den USA und Europa haben die erfahrenen Diplomaten des Vatikans, der in Lateinamerika durch die Ausbreitung evangelikaler Sekten an Einfluss verliert, schon früh begriffen, dass ihnen eine Konfrontation mit Havanna auf dem Kontinent mehr schaden als nützen würde.

Auch andere Mächte, die sich zunehmend für die Potenziale Lateinamerikas interessieren, setzen nicht – wie die USA und Europa – auf Systemwechsel, sondern suchen die Kooperation mit dem sozialistischen Kuba. Sie gehören zu den »Gewinnern« in Lateinamerika. Bereits seit Beginn der Sonderperiode baut Havanna die Wirtschaftsbeziehungen zu China kontinuierlich aus. Peking vergisst nicht, dass Kuba als erstes lateinamerikanisches Land im Jahr 1960 die Volksrepublik China völkerrechtlich anerkannt hat. Im Mai 1994 hebt der erste schwarze Präsident Südafrikas, Nelson Mandela, in seiner Antrittsrede die Rolle Kubas im Kampf gegen die Apartheid hervor, und im Dezember 2000 besucht der neue russische Präsident Wladimir Putin die Karibikinsel. Er beendet damit die unter Gorbatschow und Jelzin eingetretene Eiszeit. Mit der Wahl von Luiz Ignácio Lula da Silva zum Präsidenten Brasiliens im Oktober 2002 wird der bevölkerungsreichste und größte Staat Südamerikas zum weiteren potenten Verbündeten Havannas, das fleißig neue strategische Allianzen schmiedet. Im Juli 2014 reisen Wladimir Putin und sein chinesischer Amtskollege Xi Jinping erneut nach Kuba. Beide unterzeichnen millionenschwere Kooperationsabkommen. Außerdem wird vereinbart, in Kuba Bodenstationen für das russische Navigationssystem »Glonass« sowie dessen chinesischem Gegenstück »Beidou« zu errichten, die sich beide weltweit als Alternative zum US-System »GPS« präsentieren. Beide Staaten untermauern ihr Interesse am Ausbau der Beziehungen zu Lateinamerika mit Zusagen über Investitionen in Milliardenhöhe und von hohem geostrategischem Gewicht. So hat etwa der in Nicaragua von einem chinesischen Konsortium geplante Verbindungskanal zwischen dem Atlantischen und Pazifischen Ozean nicht nur politische und wirtschaftliche, sondern auch militärische Bedeutung. Washington muss zusehen, wie es seine durch den Einfluss auf den Panamakanal gesicherte hundertjährige Vorherrschaft über die Seewege in der Region verliert. Auch der im kubanischen Mariel mit brasilianischer Hilfe konstruierte größte Tiefwasserhafen der Karibik, der zur Drehscheibe für den Containerumschlag zwischen Asien, Europa und Lateinamerika ausgebaut werden soll, bleibt der US-Wirtschaft so lange verschlossen, wie die Beziehungen der USA zu Kuba durch die Blockade gestört sind.

Die Position der Europäischen Union, die sich seit 1996 durch ihren »Gemeinsamen Standpunkt« gegenüber der sozialistischen Insel selbst isoliert, schwankt zwischen der von antikommunistischen Hardlinern wie Polen, Tschechien, aber auch der Bundesrepublik vorgegebenen Linie und dem Kurs der Pragmatiker, zu denen Frankreich, Italien und in jüngster Zeit sogar Spanien gehören. Ende November 2012 beschließen die EU-Außenminister, Bedingungen für ein Kooperationsabkommen auszuloten, das die bisherige Kubapolitik der EU ablösen soll. Mit dessen Abschluss glauben die Europäer, den USA, die sie nicht verprellen wollen, eine Nasenlänge voraus zu sein.

Der Spieß ist umgedreht

Dafür gibt es gute Gründe. Ende 2014 steht nicht mehr die Regierung in Havanna, sondern die in Washington vor einem Scherbenhaufen. Sie ist gegenüber der Kubanischen Revolution – nach einem fast 55 Jahre dauernden Zermürbungskrieg

– noch in der gleichen Position wie Richard Nixon, der seinen Präsidentschafts-Wahlkampf 1960 – wie beschrieben – unter dem Motto führte: »Wir müssen das 90-Meilen-Problem lösen!« In Lateinamerika und der Welt aber haben sich die Positionen Kubas und der USA ins Gegenteil verkehrt. Nicht die kleine sozialistische Karibikinsel, sondern das mächtige Imperium im Norden ist weitgehend isoliert.

Nachdem Kuba im Januar 1962 auf Betreiben Washingtons aus der OAS ausgeschlossen und von allen Mitgliedsländern mit einem wirtschaftlichen und diplomatischen Boykott belegt wurde, bieten die OAS-Mitglieder dem Karibikstaat im Jahr 2009 die Mitgliedschaft wieder an, was Havanna allerdings dankend ablehnt. Auf dem von der OAS organisierten sechsten Amerikagipfel im kolumbianischen Cartagena sieht sich Barack Obama im April 2012 einer geschlossenen Front lateinamerikanischer Präsidenten gegenüber, die ihn ultimativ zur Normalisierung der Beziehungen seines Landes zu Kuba auffordern. Sogar Kolumbiens Präsident Juan Manuel Santos, einer der verlässlichsten Verbündeten Washingtons, kündigt an, dass er dem für April 2015 in Panama geplanten nächsten Gipfel fernbleiben würde, falls man Kuba erneut ausschlösse.

Auch die Verurteilung der völkerrechtswidrigen Blockade ist für die USA, die damit vor aller Welt auf verlorenem Posten stehen, von Jahr zu Jahr peinlicher. Seit 1992 bringt Kuba jedes Jahr eine Resolution in die Generalversammlung der Vereinten Nationen ein, in der die Mitgliedsstaaten aufgefordert werden, die Blockade der USA zu verurteilen. 1992 stimmten 59 Staaten für die Beendigung der Wirtschaftssanktionen, drei dagegen, und 71 enthielten sich. Wie bereits erwähnt, war im Oktober 2014 das Verhältnis (wie im Jahr zuvor): 188 Staaten für die Beendigung der Blockade und zwei dagegen (USA und Israel) – bei drei Enthaltungen (Palau, Mikronesien und die Marshall-Inseln). Neben der außenpolitischen Isolierung und der Ohnmacht gegenüber den neuen strategischen Allianzen in und mit

Lateinamerika verliert die aggressive Politik Washingtons gegen Kuba auch innenpolitisch an Akzeptanz. Während die ersten Exilkubanergruppen in Miami sich nach der Revolution noch überwiegend aus den Mitgliedern der früheren Oligarchie, Batista-Schergen und strammen Antikommunisten zusammensetzten, besteht die heutige kubanische Gemeinde in Florida zu einem großen Teil aus Menschen, die ihr Land aus familiären oder wirtschaftlichen Gründen verlassen haben. Viele besuchen regelmäßig ihre Angehörigen in Kuba, machen dort Urlaub und schicken die Kinder in den Ferien auf die preiswertere, kinderfreundlichere und vor allem sicherere Insel. Mit der Ankündigung einer veränderten Politik gegenüber Havanna erlangt Obama 2008 rund 35 Prozent und 2012 schon fast die Hälfte der Stimmen der Kubanoamerikaner in Miami. Auch immer mehr Kongressabgeordnete, Wirtschaftsführer, Landwirtschafts-Lobbyisten und Kirchenvertreter verlangen eine andere Kubapolitik und das Ende der Blockade. Hinter den Kulissen werden bereits seit längerer Zeit die Chancen und Risiken einer neuen Kubapolitik gegeneinander abgewogen. Für die Weltöffentlichkeit erkennbar wird die sich anbahnende Veränderung erstmals am 10. Dezember 2013 mit dem vermeintlich zufälligen Händedruck zwischen Raúl Castro und Barack Obama am Rande der Trauerfeier für Nelson Mandela.

Kurzer Frühling mit Obama

Am 17. Dezember 2014[55] wird die Welt Zeuge eines unglaublichen Ereignisses. Der Präsident der Vereinigten Staaten, der auch als »mächtigster Mann der Welt« bezeichnet wird, wendet sich zeitgleich mit dem Chef der bis dahin als »illegitim« bezeichneten Regierung eines »Schurkenstaates« an die Öffentlichkeit. Sie kündigen an, »die Beziehungen zwischen den beiden Ländern zu normalisieren«. Die US-Politik der letzten 50 Jahre gegen-

55 Vgl. Fußnote 23

über Kuba sei gescheitert, sagt Barack Obama. Staatsmännisch vermeidet Raúl Castro jeden Anschein des Triumphes, verweist jedoch darauf, dass sowohl sein Vorgänger Fidel als auch er selbst die Regierungen der USA seit mehr als 50 Jahren zu »einem auf souveräner Gleichheit beruhenden respektvollen Dialog« aufgefordert hätten, um kontroverse Themen »ohne Beeinträchtigung der nationalen Unabhängigkeit und der Selbstbestimmung unseres Volkes zu behandeln«. Der kubanische Präsident bekräftigt das Interesse seines Landes an normalen Beziehungen zu den USA. Kuba sei bereit, über alle Fragen zu diskutieren, allerdings, sagt Castro, »ohne dabei auch nur ein einziges unserer Prinzipien aufzugeben«.

Auch der US-Präsident redet Klartext. Er lässt keinen Zweifel daran aufkommen, dass sein Land am Ziel eines Systemwechsels in Kuba festhält. Die Isolierung der sozialistischen Regierung habe nicht funktioniert, räumt Obama ein, fährt dann aber fort: »Wir werden uns weiter für Demokratie und Menschenrechte auf Kuba einsetzen«. Er sei überzeugt, sagt Obama, »dass wir das kubanische Volk stärker unterstützen und uns noch besser für die Verbreitung unserer Werte dort engagieren können«. Raúl Castro hält dagegen: »Wir müssen die Kunst erlernen, auf zivilisierte Art – mit unseren Meinungsverschiedenheiten – zusammen zu leben.«[56] Während sich die westlichen Mainstream-Medien mit euphorischen Schlagzeilen über die von ihnen vorausgesagte McDonald's-Invasion auf Kuba überbieten, zeigen die beiden Reden, dass sich an den gegensätzlichen Positionen nichts geändert hat.

Wie unvereinbar die Interessen trotz aller Verständigungsrhetorik sind, wird bei dem ersten Besuch eines US-Präsidenten in Kuba seit 1928 erneut deutlich. Obamas – in diesem Fall zu Recht als »historisch« bezeichnete – dreitägige Visite beim bis-

56 Ansprache des kubanischen Präsidenten, in: www.granma.cu, 17.12.2014

herigen Erzfeind im März 2016 weckt dennoch Erwartungen. In einer halbstündigen »Rede an das kubanische Volk« offenbart der Gast jedoch am 22. März im Großen Theater von Havanna die tatsächliche Intention seiner Reise. Er wolle »das letzte Relikt des Kalten Krieges in Amerika« beseitigen, gibt sich Obama zunächst verständigungsbereit, erklärt dann aber das US-Verständnis von »Demokratie, Marktwirtschaft und freiem Unternehmertum« zur allgemeingültigen Norm für jedes Gesellschaftssystem. Sein Land wolle nicht die Beziehungen zur kubanischen Regierung, sondern zum Volk normalisieren, und er vertraue darauf, dass die Jugend und die neuen Selbstständigen zu einer Veränderung beitragen. Er kenne die Geschichte, wolle sich aber nicht von ihr gefangen nehmen lassen, sagt der US-Präsident.

Nachdem er zunächst einige Tage geschwiegen hatte, meldet sich am 27. März 2016 der 89-jährige Revolutionsführer Fidel Castro zu Wort. In seinem Beitrag »Der Bruder Obama« erinnert er an die Opfer der US-Aggressionen und schreibt: »Obama hielt eine Rede, in der er die honigsüßesten Worte benutzte um auszudrücken: ›Es ist an der Zeit, die Vergangenheit zu vergessen, lassen wir die Vergangenheit hinter uns, blicken wir in die Zukunft.‹« Bei »diesen Worten des Präsidenten der Vereinigten Staaten lief jeder von uns Gefahr, einen Herzinfarkt zu bekommen«, kommentiert Castro. Der Revolutionsführer erinnert an die »erbarmungslose Blockade, die schon fast sechzig Jahre andauert«. Dann fragt er: »Und diejenigen, die bei den Söldnerangriffen auf kubanische Schiffe und Häfen starben? Ein mitten im Flug gesprengtes Linienflugzeug voller Passagiere, Söldner-Invasionen, Gewalttaten?« Castros Fazit: »Wir haben keine Geschenke des Imperiums nötig.«[57]

Im kubanischen Alltag hinterlassen Obamas Besuch und seine Rede kaum wahrnehmbare Spuren. Vor allem junge Menschen zeigen deutlich mehr Interesse am Konzert der legendä-

57 Der Bruder Obama, de.granma.cu, 28.3.2016

ren britischen Rockgruppe »The Rolling Stones«, zu dem am 25. März 2016 Hunderttausende in die Hauptstadt pilgern, als an den inszenierten Auftritten des US-Präsidenten.

So wenig wie das Ende des Kalten Krieges dauerhaft Entspannung für Europa und die Welt brachte, wird eine Normalisierung der US-kubanischen Beziehungen allein zu mehr Frieden in Lateinamerika führen. Klassengegensätze, antagonistische Widersprüche, das macht auch Raúl Castro in mehreren Reden deutlich, können aus kubanischer Sicht nicht durch Verhandlungen aufgelöst werden.

Hohe Hürden für Normalisierung

Mit Wiederaufnahme der diplomatischen Beziehungen wird im Juli 2015 die erste Etappe auf dem Weg für die von beiden Seiten angekündigte Normalisierung beendet. Voraussetzungen dafür waren die Ende Mai 2015 vollzogene Streichung Kubas von der US-Liste der Staaten, die den Terrorismus fördern[58], sowie die Ermöglichung normaler Bankgeschäfte für Kubas Vertretungen in den USA. Raúl Castro betont jedoch, dass für eine tatsächliche Normalisierung die Einigung über weitere Themen erforderlich sei. Solange das mächtigste Land der Welt ein kleines Land wie Kuba mit einer Blockade zu strangulieren versuche, könne man nicht von »normalen Beziehungen« zwischen ihnen sprechen, benennt er die für sein Land entscheidende Hürde. Zudem sei der kubanischen Führung bewusst, dass der Sieg eines republikanischen Kandidaten bei den Präsidentschaftswahlen Ende 2016 viele der bisher erreichten Fortschritte wieder in Frage stellen kann.

58 Washington hatte Kuba 1982 wegen angeblicher »Verbindungen zum internationalen Terrorismus« auf diese Liste gesetzt. Mit der Maßnahme sollte die Regierung als illegal dargestellt und zugleich die völkerrechtswidrige Blockade legitimiert werden. Sie wurde von US-Behörden zudem als Begründung genutzt, um über Banken, die Geschäftsbeziehungen zu Kuba pflegen, Bußgelder in Millionenhöhe zu verhängen.

Schon im Dezember 2014 warnte Raúl Castro die US-Politiker vor Illusionen: »Um die Beziehungen mit den Vereinigten Staaten zu verbessern, wird Kuba nicht auf die Ideale verzichten, für die es mehr als ein Jahrhundert gekämpft hat, für die sein Volk viel Blut vergossen und die größten Gefahren auf sich genommen hat.« So wie seine Regierung niemals von den USA verlangt habe, ihr politisches System zu ändern, erwarte sie, auch das ihre zu respektieren. »Es ist notwendig zu begreifen, dass Kuba ein souveräner Staat ist, dessen Bevölkerung in einem freien Referendum die Verfassung angenommen und sich für deren sozialistischen Kurs sowie politisches, wirtschaftliches und gesellschaftliches System entschieden hat«, betont er. Der zweite »historische Händedruck« von Castro und Obama und ihr Gespräch während des 7. Amerikagipfels am 10. und 11. April 2015 in Panama und der Besuch des US-Präsidenten in Kuba belegen zwar erneut die faktische Anerkennung der revolutionären Regierung durch die USA, können aber nicht darüber hinwegtäuschen, dass Washington nur die Methoden, nicht aber die Ziele seiner Kubapolitik ändert.

Das Contra-Netz wird ausgebaut

Das Weiße Haus macht aus seinen Absichten keinen Hehl. »Heute erneuern wir unsere Führungsrolle auf dem gesamtamerikanischen Kontinent«, erklärt die Presseabteilung am 17. Dezember 2014. Weiter heißt es in der Erklärung: »Heute kündigte der Präsident mehrere Maßnahmen an, die darauf abzielen, … in Kuba effektiver einen Wandel zu fördern, der … mit den amerikanischen Sicherheitsinteressen in Einklang steht.« Dazu werde »die Administration … weiterhin US-Programme umsetzen, die (einen) positiven Wandel in Kuba fördern.«[59] Zwei Wochen später veröffentlicht der US-Journalist Tracey Eaton in

---

59 Alle Zitate: http://blogs.usembassy.gov/amerikadienst/2014/12/17/kuba.

seinem Blog »Along the Malecón« Dokumente, die bestätigen, dass Washington im Propagandakrieg gegen Havanna nicht ab-, sondern aufrüstet. Eaton listet über 100 Verträge mit »Zuarbeitern« im Gesamtvolumen von rund einer Million Dollar auf, die das regierungseigene »Office of Cuba Broadcasting« (OCB)[60] seit Obamas Dezember-Rede abgeschlossen hat. Mit dieser – gemessen an dem kurzen Zeitraum – erheblichen Summe von Steuergeldern wird die Fortsetzung des Medienkrieges gegen die sozialistische Karibikinsel garantiert. Am 11. Juni 2015 dokumentiert Eaton, dass die US-Agenturen NED, USAID und das State Department das staatliche Budget für »Demokratieprogramme« in Kuba von 20 Millionen Dollar im Jahr 2015 auf 30 Millionen im Jahr 2016 aufgestockt haben.[61] Selbst einige US-Politiker wehren sich gegen solche Ausgaben. Die demokratische Kongressabgeordnete Betty McCollum aus Minnesota legt im Januar 2015 einen Gesetzesentwurf vor, um die staatliche Finanzierung von »Radio und TV Martí« zu beenden. Sie bezeichnet die Propagandasender als »Relikte des Kalten Krieges« und kritisiert, dass dafür in den letzten 30 Jahren über 770 Millionen Dollar Steuergelder ausgegeben wurden. Seit 2013 schickt das OCB außerdem Woche für Woche tausende DVDs, USB-Sticks und SMS-Mitteilungen mit US-Regierungspropaganda illegal nach Kuba, die Systemgegner dort an jugendliche Empfänger und Cuentapropistas, die derzeit wichtigsten Zielgruppen der Contras und US-Dienste, verteilen. Zudem betreibt das OCB ein Projekt namens »Piramideo«. Als »soziales Netzwerk« getarnt soll dieser speziell für Kuba entwickelte Dienst (wie sein mittlerweile aus Geldmangel eingestelltes Vorgängerprogramm »ZunZuneo«) vor allem Jugendliche ansprechen. Die mit dem »Spaß-Faktor« geköderten Nut-

60 Das in Miami angesiedelte OCB ist die Aufsichtsbehörde des US-Propagandasenders »Radio und TV Martí«.

61 Diese wie weitere Dokumente: http://alongthemalecon.blogspot.de.

zer ahnen nicht, dass hinter »Piramideo« ein US-Geheimdienst steckt. Für Washington ist es eines von vielen Instrumenten, um einen »arabischen Frühling« auf Kuba vorzubereiten. Seit 2013 baut das OCB dafür systematisch ein Netz von »unabhängigen Journalisten« auf, die »unzensiert« aus Kuba berichten und Interviews mit »Führern der Dissidentenbewegung« verbreiten sollen. Ihr »Job« besteht vor allem darin, ausländische Medien mit »authentischen« Stellungnahmen aus und über Kuba zu versorgen.

Die Konterrevolution kommt heute subtil daher. Das Spektrum der Einflussnahme und Agentenanwerbung umfasst Kontaktanbahnung über angebliche Hilfsprogramme für AIDS-Kranke, »Unterstützung« junger Schriftsteller, Musiker und Rapper, Vermittlungen zu US-Galerien für Maler, Beratungsangebote für Selbstständige (Cuentapropistas), Stipendien für US-Universitäten, Umweltaktivitäten, Künstleraustausch und Kontakte zu kirchlichen Kreisen. Finanziers und Organisatoren von subversiven Aktionen in Kuba sind ausländische NGOs, große Medienkonzerne und Parteistiftungen[62] sowie international agierende Gruppen wie die rechtslastige »Internationale Gesellschaft für Menschenrechte« (IGFM) oder die »Reporter ohne Grenzen« (ROG).[63] Das alles ist jedoch nur die Spitze des Eisbergs. Ziel derartiger Aktivitäten ist die Inszenierung einer »bunten Revolution« auch auf Kuba. »Bunte Revolutionen« ergänzen die früher üblichen CIA-Staatsstreiche. Sie werden als

62 Zu den aktivsten Parteistiftungen gehören aus Europa die »Fundación para el Análisis y los Estudios Sociales« (FAES) des früheren spanischen Ministerpräsidenten José María Aznar sowie die bundesdeutsche Konrad-Adenauer-Stiftung (CDU) und die Friedrich-Naumann-Stiftung (FDP).

63 Nach eigenem Eingeständnis wurde ROG sowohl von der dem US-Außenministerium unterstehenden Stiftung »National Endowment for Democracy« (NED) als auch von der aus den USA agierenden exilkubanischen Contra-Organisation »Center for a free Cuba« finanziert. (Vgl. Calvo Ospina, Originalton Miami, S. 167 ff.)

»verdeckte Maßnahme« vor allem dann bevorzugt, wenn ein beabsichtigter Regimewechsel die Interessen von Großmächten berühren könnte. Das Drehbuch für diese Art Putsch stammt vom US-Politikwissenschaftler Gene Sharp. In Aufsätzen und Schriften wie in seinem Bestseller »Von der Diktatur zur Demokratie« empfiehlt er, zur Vorbereitung eines Regimewechsels soziale Medien und NGOs zu nutzen, um Gesellschaften zu infiltrieren, pro-westlichen Gruppen Einfluss zu verschaffen und ihnen nach dem Sturz der bisherigen Regierung die Machtübernahme zu ermöglichen. Das neue Regime wird in der Regel vom Westen als »Garant der Demokratie« sofort als legitim anerkannt. Damit ist die geostrategische Lage verändert und die prowestliche neue Regierung ermöglicht den Zugriff auf Ressourcen und Territorium. Auch für Kuba gibt es derartige Planspiele.

Kuba und Lateinamerika im Fokus

Im Januar 2015 stützen die Staats- und Regierungschefs der Lateinamerikanischen und Karibischen Staatengemeinschaft CELAC demonstrativ Kubas Position gegenüber den USA. Der Erfolg Havannas, sagt der bolivianische Präsident Evo Morales auf dem Treffen, sei kein »Geschenk Obamas«, sondern das Ergebnis des Kampfes für Würde und Unabhängigkeit und zugleich der Beweis dafür, dass »Lateinamerika nicht mehr der Hinterhof der USA« sei. Nicaraguas Präsident Daniel Ortega fügt warnend hinzu: »Sie (die USA) werden uns nie unsere eigenen Entscheidungen treffen lassen. Sie wollen uns beherrschen und haben ihren Anspruch, dass Amerika den Yankees gehört, nicht aufgegeben. Während wir den Kampf führen, um die Armut zu beseitigen, konspirieren sie gegen uns.« Als Beispiel führt er die US-Aktivitäten »gegen die Revolution in Venezuela« an und wirft Washington vor, dort einen Militärputsch wie in Chile zu planen. Präsident Nicolás Maduro bestätigt: »Es gibt einen Plan, … einen Staatsstreich in Venezuela durchzuführen.« Ein Motiv für die zunehmenden Aktivitäten der USA in der Region sehen mehrere Staats- und Regierungschefs in den Kooperationsvereinbarungen mit den BRICS-Staaten. Die Zusammenarbeit mit China und Russland ist zur Sicherung der Unabhängigkeit Lateinamerikas für sie von »strategischer Bedeutung«. Das gilt auch andersherum. Angesichts ihrer expandierenden Märkte haben China und Russland – dank der guten Verbindungen zu Kuba – einen Zugang zu den Mitte-Links-Regierungen in der rohstoffreichen Region gefunden, der Washington verwehrt ist. Ein dauerhafter Verzicht auf das Öl Venezuelas[64] oder die weltgrößten Lithiumvorkommen[65] in Bolivien ist für Wirtschaft, Militär und Politik der USA jedoch ein Albtraum. Die scheinbar widersprüchliche Doppelstrategie der Obama-Administration, die knapp drei Monate nachdem sie die Annäherung an Havanna verkündet, Venezuela zur »Bedrohung für die nationale Sicherheit« der USA erklärt, erinnert einige Analytiker an die von John F. Kennedy 1961 initiierte »Allianz für den Fortschritt«. Deren Ziel bestand darin, nach dem Sieg der Kubanischen Revolution die Zusammenarbeit weiterer Länder Latein- und Südamerikas mit der Sowjetunion zu verhindern (vgl. Kapitel 6, Abschnitt »USA brechen Beziehungen ab«). Dies sollte durch Angebote zur wirtschaftlichen Zusammenarbeit und Unterstützung bei sozialen Reformen auf der einen und dem gleichzeitigen Ausbau der US-Militärpräsenz in der Region auf der anderen Seite erreicht werden. Das Muster scheint sich zu wiederholen.

Der unheimliche Aufmarsch

Hinter Washingtons »neuem Kurs« steckt die Absicht, einen weiteren Ausbau der wirtschaftlichen, politischen und militärischen Allianzen Chinas und Russlands mit dem sozialistischen Kuba

64 Venezuela verfügt nach Angaben der Organisation Erdöl exportierender Länder (OPEC) mit mehr als 297 Milliarden Barrel (1 Barrel entsprechen 159 Liter) über die größten Ölreserven der Welt.

65 Lithium, das »weiße Gold«, ist unverzichtbar für die Produktion von Elektroautos, Smartphones usw.

und den antiimperialistischen Regierungen zu verhindern. Das ist verständlich, denn mit Fertigstellung des mit chinesischem Kapital und russischem Militärschutz derzeit in Nicaragua im Bau befindlichen neuen Kanals, verlieren die USA, wie bereits erwähnt, nach über 100 Jahren die alleinige Kontrolle über die Schiffspassage zwischen Atlantik und Pazifik. Als Barack Obama sich am 10./11. April 2015 auf dem 7. Amerikagipfel in Panama friedfertig gibt und Raúl Castro die Hand reicht, hat er als Oberbefehlshaber längst den Marschbefehl für 280 US-Marines[66] unterschrieben, die einen Monat später in Honduras, Guatemala, El Salvador und Belize landen. Nach friedlichen Absichten sieht so eine Aktion nicht aus. Sie passt aber dazu, dass die USA ihre Militärpräsenz in der Region bereits seit Jahren kontinuierlich ausbauen. Der US-amerikanische Wissenschaftler Noam Chomsky warnte schon 2009 in einem Interview mit der Publizistin Eva Golinger vor dem »Wiederaufbau von Strukturen, die ein potenzielles Eingreifen jederzeit möglich machen«. Derzeit unterhalten die Streitkräfte der Vereinigten Staaten über 70 Militärstützpunkte in zahlreichen Ländern Lateinamerikas und der Karibik. Allein Kolumbien, der westliche Nachbar Venezuelas, ist mit neun US-Basen gespickt, die über modernstes Kriegsgerät und zigtausende Soldaten der US-Spezialeinheiten verfügen, deren Einsatzgebiet ausdrücklich nicht auf kolumbianisches Territorium beschränkt ist. 60 Kilometer nördlich der venezolanischen Küste ist in den US-Stützpunkten auf den niederländischen Antilleninseln Aruba und Curaçao die größte Ansammlung von Militärs der gesamten Karibik konzentriert. Weitere hochgerüstete Basen betreiben die USA unter anderem auf den Bahamas, in Costa Rica, El Salva-

---

66 Der Auftrag des United States Marine Corps besteht vor allem in der Eroberung bzw. Verteidigung maritimer Außenposten. Das Konzept ihrer Einsätze ist definiert als »Kriegsführung, die bestrebt ist, den Zusammenhalt des Feindes durch eine Vielfalt von rasanten, gebündelten und überraschenden Abläufen zu zerschlagen, um [für ihn] eine sich zunehmend verschlechternde Situation auszulösen, die er nicht mehr beherrschen kann.« (zitiert nach: Wikipedia)

dor, Honduras, Kuba (Guantánamo), Paraguay, Peru und Puerto Rico (Boron, S. 317 ff).

Eines der möglichen Angriffsziele ist nach wie vor das sozialistische Kuba. Dessen Vertreter José Ramón Balaguer, Chef der Abteilung für Auswärtige Angelegenheiten der Kommunistischen Partei Kubas, warnt im August 2014 – beim 20. Treffen des Forums von São Paulo – vor einer »verdeckten Kriegsführung der USA«. Die globale Situation, heißt es in einem Dokument des Forums, sei durch Verschärfung der tiefen Krise des kapitalistischen Systems, eines Hegemonieverlustes der USA und des Entstehens neuer Machtzentren, wie der Kooperation zwischen den BRICS-Ländern und Lateinamerika, gekennzeichnet. Der Erfolg von linken Parteien und Bewegungen, die heute in Lateinamerika an zahlreichen Regierungen beteiligt seien und die wirtschaftlichen sowie politischen Strukturen auf dem Kontinent Stück für Stück zugunsten der Bevölkerungsmehrheit veränderten, werde von den früheren Machteliten und den USA mit einer massiven Gegenoffensive bekämpft. Deren Ziel seien Regimewechsel, um mit minimalem Aufwand Bedingungen für die Durchsetzung imperialer Ziele zu schaffen, deren Hauptnutznießer die großen transnationalen Konzerne seien, analysiert Balaguer. Weiter sagt er, die Länder, die die Vereinigten Staaten als Opfer für ihre Angriffe auswählten, würden aus ökonomischen und geopolitischen Gründen ausgesucht, aber auch wegen ihrer symbolischen Ausstrahlung. Balaguers Analyse zeigt, dass Kuba sich über den »neuen Kurs« Washingtons keine Illusionen macht und auf erneute Rückschläge vorbereitet ist.

Trumps Rückkehr zum Kalten Krieg

»Ich vertraue nicht in die Politik der Vereinigten Staaten«, warnt Fidel Castro bereits wenige Wochen nach der von Obama in Aussicht gestellten Annäherung zwischen den USA und Kuba.[67]

---

67 An meine Companeros der Studentenvereinigung, granma.cu, 27.1.2015

Sein politischer Instinkt trügt den Comandante auch in diesem Fall nicht. Die 180-Grad-Wende Donald Trumps in der Kubapolitik bestätigt zwei Jahre später seine Warnung. Gerade einmal zwei Wochen nachdem Trump am 20. Januar 2017 in das Präsidentenamt eingeführt wurde, verkündet der Sprecher des Weißen Hauses, Sean Spicer, dass der unter Barack Obama eingeleitete Kurs »komplett überprüft« werde.[68] Dem »Tauwetter« scheint eine »neue Eiszeit« zu folgen. Am 13. Juni 2017 bestätigt Außenminister Rex Tillerson, dass alle Vereinbarungen mit Kuba »auf dem Prüfstand« stünden. Drei Tage später unterzeichnet Trump in Miami ein »Memorandum«, durch das einige der von Obama gelockerten Sanktionen wieder in Kraft gesetzt und teilweise verschärft werden.[69] Die Rolle rückwärts in den Kalten Krieg vollführt Trump unter dem Jubel ultrarechter Exilkubaner im Theater »Manuel Artime«, benannt nach einem CIA-Agenten, der 1961 an der gescheiterten Invasion in der Schweinebucht beteiligt war.

Die neuen Regelungen verschärfen unter anderem das durch Obama gelockerte Verbot für Individualreisen von US-Bürgern auf die Insel und untersagen Geschäftsbeziehungen zu Unternehmen, die in Verbindung mit den kubanischen Streitkräften stehen. Während die Gemeinde der antikommunistischen Contras in Miami und ihre Anhänger in Kuba die Abkehr Trumps vom Entspannungskurs frenetisch feiern, üben Teile der US-Öffentlichkeit Kritik daran. »Wie der Rückzug aus dem Pariser Klimaschutzabkommen« sei dies »ein weiteres besorgniserregendes Beispiel dafür, dass diese Regierung die Position unseres Landes in der Welt schwächt«, kritisiert etwa der demokratische Gouverneur des US-Bundesstaates Virginia Terry McAuliffe. Kubas Außenminister Bruno Rodríguez kritisiert am 19. Juni

68 www.whitehouse.gov, 3.2.2017

69 Strengthening the Policy of the United States Toward Cuba. A Notice by the State Department on 10/20/2017, in: www.federalregister.gov

2017 auf einer Pressekonferenz in Wien die »feindliche Rhetorik« in Trumps Rede.

Zu einer weiteren Verschärfung führt im Herbst 2017 ein von US-Politikern und Medien erhobener Vorwurf, kubanische Stellen seien in mysteriöse »Schallattacken« auf Mitarbeiter der US-Botschaft in Havanna verwickelt. Umfangreiche Untersuchungen durch kubanische und US-amerikanische Experten sowie Spezialisten des FBI finden jedoch weder einen Beleg dafür, dass derartige »Schallangriffe« überhaupt stattgefunden haben, noch dass Kuba irgendetwas mit den angeblichen Beschwerden zu tun habe. Trotzdem nimmt Washington die Vorwürfe zum Anlass, 15 kubanische Diplomaten des Landes zu verweisen und den größten Teil des Personals der US-Botschaft in Havanna abzuziehen. Kubas Außenminister Rodríguez schlägt Alarm: »Die neuen Maßnahmen haben nicht nur Einfluss auf die Beziehungen zu Kuba, sondern auch für den Rest von Lateinamerika«, warnt er. Rodríguez bezeichnet Trumps Politik als »Rückfall in den Kalten Krieg«, der den Frieden gefährde. »Ich sehe eine alarmierende Gefährdung der internationalen Sicherheit und die Gefahr einer Aufrüstung. Die Welt befindet sich bereits in einem Dritten Weltkrieg in Etappen, der Weltfrieden ist bedroht.«

Für Kuba sind der erneute Konfrontationskurs der Regierung Trump wie auch die von Washington geförderte neoliberale Gegenoffensive der Rechten in Lateinamerika ein Rückschlag. Zugleich wird jedoch auch die Alternative zu einer Politik deutlich, die Barack Obama im Dezember 2014 bereits als »gescheitert« bezeichnet hatte. Die Konzepte der neuen rechtskonservativen Regierungen in Argentinien, Brasilien, Chile oder Peru führen zum dramatischen Anstieg der Arbeitslosenzahlen, dem massiven Abbau sozialer Leistungen und zur Verarmung des Mittelstandes. Die in die Mafia-Strukturen der Drogenkartelle eingebundenen korrupten Polizei- und Militärapparate in Mexiko, Kolumbien oder Honduras verbreiten weiterhin Angst und Schrecken. Landarbeiter, die indigene Bevölkerung, Frauen, Kinder und Alte leben dort in ständiger Furcht vor dem Terror der rechten Todesschwadronen. Der seit Trumps Amtsantritt wieder zunehmende Einfluss der alten Eliten und ihrer neoliberalen Wirtschaftspolitik lässt das kubanische Modell für viele Menschen in Lateinamerika wieder verstärkt als attraktive, humanere Alternative erscheinen. Trotz des Rechtsrucks auf dem Kontinent findet der 8. Amerikagipfel am 13. und 14. April 2018 in Lima (Peru) zum ersten Mal seit Schaffung dieses Treffens im Jahr 1994 ohne die Anwesenheit des Präsidenten der Vereinigten Staaten statt. Angesichts der zu erwartenden Proteste zieht Donald Trump es vor, sich von Vizepräsident Mike Pence vertreten zu lassen.

10. Kuba nach Fidel und Raúl Castro

Der VII. Parteitag der Kommunistischen Partei Kubas, symbolträchtig am 16. April 2016 – dem 55. Jahrestag der Proklamation des sozialistischen Charakters der Kubanischen Revolution – eröffnet, setzt den Generationenwechsel in der Revolutionsführung fort. Nach tagelangen Debatten erleben die Delegierten zum Abschluss einen – für viele unvergesslichen – Auftritt. Der 89-jährige Fidel Castro ist in den Kongresspalast gekommen. Mit stehenden Ovationen begrüßen die Delegierten und Gäste ihren – wie Parteichef Raúl es formuliert – »einzigen Comandante en Jefe«. In einer kurzen Rede beschreibt dieser seinen politischen Lebensweg und warnt vor aktuellen globalen Gefahren. Er schließt mit den Worten: »Bald werde ich 90 Jahre alt sein, das hätte ich nie gedacht, es geschieht nicht als Ergebnis einer Anstrengung, es ist reiner Zufall.« Dann folgt eine Passage, die manche als Abschied interpretieren, und als Einstimmung auf die dann folgenden Zeiten. »Bald wird es mir ergehen, wie allen anderen«, setzt Fidel seine kurze Rede fort. »Alle kommen wir an die Reihe, aber die Ideen der kubanischen Kommunisten bleiben

… Unseren Brüdern in Lateinamerika und der Welt müssen wir vermitteln, dass das kubanische Volk siegen wird. Vielleicht ist es das letzte Mal, dass ich in diesem Saal spreche.«[70]

Kontinuität im Generationenwechsel

Der Parteitag stellt Weichen. 1.000 Delegierte, die 670.000 Mitglieder der Kommunistischen Partei repräsentierten, ziehen eine kritische Bilanz der bisherigen Veränderungen und diskutieren über Konzepte und Visionen für die Zukunft des Landes. Unter anderem stehen ein »Nationaler Plan für die wirtschaftliche und soziale Entwicklung bis zum Jahr 2030« sowie das Konzept eines neuen »Wirtschafts- und Sozialmodells für die sozialistische Entwicklung« zur Debatte. In seiner Eröffnungsrede[71] verweist Raúl Castro auf wirtschafts-, innen- und außenpolitische Erfolge, spart aber auch nicht mit Kritik an Mängeln und Missständen. Als Pluspunkt hebt der Parteichef hervor, dass der Aktualisierungsprozess der kubanischen Wirtschaft nicht in Form einer »Schocktherapie« erfolge. Raúl Castro räumt ein, dass diese Entscheidung das Tempo der beschlossenen Transformationen beeinflusst, dies aber in Kauf genommen werden müsse, weil die so genannten »Schocktherapien« auf Kosten der unteren Schichten der Gesellschaft durchgeführt werden. »Die neoliberalen Formeln werden im kubanischen Sozialismus niemals Anwendung finden«, versichert Raúl Castro. Die sozialen Standards in den Bereichen Bildung, Gesundheit, Kultur, Sport und Sozialversicherung würden erhalten bleiben und verbessert werden. Das Prinzip, niemanden schutzlos und unversorgt zu lassen, bestimme die Geschwindigkeit der Veränderungen. Als nicht befriedigend bezeichnet er unter anderem niedrige Ein-

70 Nehmen wir den Marsch auf und perfektionieren alles, was es zu perfektionieren gilt, de.granma.cu, 20.4.2016

71 Die wirtschaftliche Entwicklung des Landes sowie der Kampf um Frieden und ideologische Stärke sind die wichtigsten Aufgaben der Partei, de.granma.cu, 20.4.2016

kommen, nicht ausreichende Renten, die doppelte Währung, mangelhafte Arbeitsorganisation und fehlende Disziplin. Von den im Jahr 2011 beschlossenen Leitlinien seien einundzwanzig Prozent bereits komplett abgearbeitet, siebenundsiebzig Prozent befänden sich im Prozess der Umsetzung und zwei Prozent, das beträfe insgesamt fünf der Leitlinien, hätten sich als nicht realisierbar erwiesen.

Eine Absage erteilt Raúl Castro all denen, die sich von Veränderungen in Kuba eine Abkehr vom Modell des Sozialismus erhoffen. Ziel dieses Parteitages sei es, das Konzept für ein Wirtschafts- und Sozialmodell zu entwickeln, welches – im internationalen Kontext und unter Berücksichtigung der Erfahrungen anderer Länder – als Leitfaden für den weiteren Aufbau des Sozialismus in Kuba dienen solle, erklärt er. Wichtigste Grundlage dafür seien »das Erbe José Martís, der Marxismus-Leninismus, die Lehren Fidel Castros und das Werk der Revolution selbst«. Der Parteichef unterstreicht, dass man auch künftig keine Konzentration von Reichtum oder Eigentum in Privatbesitz zulassen werde. Privatunternehmen seien zulässig, dürften jedoch nur »in klar definierten Grenzen agieren« und stellten »ein ergänzendes Element der wirtschaftlichen Struktur des Landes« dar. Eine Dominanz des privaten Sektors werde weder angestrebt, noch sei sie zulässig. Wörtlich sagte Raúl Castro: »Wir sind nicht so naiv, die Bestrebungen externer Mächte zu ignorieren, die auf das setzen, was sie das Empowerment nicht staatlicher Unternehmensformen nennen.« Die Protagonisten solcher Bestrebungen verfolgten einzig und allein das Ziel, »Agenten des Wandels zu schaffen, mit denen sie auf anderen Wegen die Revolution zerstören wollen.« Deshalb, so seine Schlussfolgerung, müssten sowohl die ideologische Auseinandersetzung als auch die Verteidigung des Landes verstärkt werden.

Auf dem Parteitag setzt sich der Trend der Verjüngung in der Zusammensetzung der Gremien fort. In dem aus 142 Mitgliedern bestehenden neuen Zentralkomitee (ZK), dem höchsten

Beschlussorgan zwischen den Parteitagen, ist der Altersdurchschnitt mit 54,5 Jahren gegenüber der vorangegangenen Periode erneut gesunken. Der Anteil der Frauen ist dagegen auf über 44 Prozent und der Anteil der Afrokubaner auf knapp 36 Prozent gestiegen. Aus seinen Reihen hatte das ZK das 17-köpfige Politbüro, Raúl Castro zum Ersten und den 85-jährigen Comandante José Ramón Machado Ventura zum Zweiten Sekretär des Zentralkomitees gewählt. Mit der Wiederwahl wird Raúl Castro die einflussreiche Position des Parteivorsitzenden – sofern seine Gesundheit es ihm erlaubt – noch bis zum VIII. Parteitag innehaben, der planmäßig im Jahr 2021 stattfinden soll.

Tod eines Unbezwungenen

Am 25. November 2016 um 22.29 Uhr, genau 60 Jahre nachdem er mit 81 weiteren Guerilleros auf der Motoryacht Granma aus dem mexikanischen Exil zur Befreiung Kubas vom Diktator Fulgencio Batista aufgebrochen war, stirbt der Comandante en Jefe Fidel Castro Ruz im Alter von 90 Jahren. Zu Lebzeiten hatte er diejenigen, die mit seinem Ableben das Ende der Kubanischen Revolution kommen sahen, vor falschen Hoffnungen gewarnt. »Unsere Feinde sollten sich keine Illusionen machen, ich sterbe morgen und mein Einfluss mag zunehmen«, sagte er. »Ich könnte es wie Cid Campeador machen, den sie tot auf dem Pferd mit sich führten und so Schlachten gewannen« (Ramonet, S. 674). Nach seinem Tod scheint sich die Voraussage zu bestätigen. »Yo soy Fidel« (Ich bin Fidel) skandieren Hunderttausende bei der Trauerkundgebung am 29. November auf dem Platz der Revolution in Havanna. Obwohl kein Denkmal an ihn erinnert, kein Platz und keine Straße – wie er es selbst verfügt hatte – nach ihm benannt sind, ist Fidel Castro auf Kuba präsent wie zu Lebzeiten. Er gilt dort als der erste Kubaner, der den Traum des Nationalhelden José Martí von einem freien, unabhängigen und souveränen Staat verwirklicht hat. In Lateinamerika wird er – wie die Befreier Simón Bolívar und Martí – nicht nur als historische Persönlichkeit, sondern als Visionär und Impulsgeber für eine andere Welt gesehen.

Der Trauerzug mit der Asche des Verstorbenen wird 950 Kilometer auf der umgekehrten Route, auf der die siegreichen Revolutionäre im Januar 1959 vom Oriente in die Hauptstadt gezogen waren, von Havanna aus durch 13 Provinzen der Insel nach Santiago de Cuba überführt. Dort ruht die Urne in einem schlichten Stein auf dem Santa-Ifigenia-Friedhof, wo sich auch das Grab José Martís befindet. Die Beisetzung findet am 4. Dezember, einem der wichtigsten Tage der in Kuba verbreiteten afrokubanischen Santeria-Religion, statt. Dieser Tag ist Changó gewidmet, der zu den meist verehrten Heiligen der Kulte mit Yoruba-Ursprung gehört. Changó, der der Sage zufolge, unzählige Gegner bezwungen hat und deshalb als unbesiegbar gilt, ist für viele der zahlreichen Anhänger des Kultes der mächtigste und wichtigste Orisha (Gottheit). Wenn sein Name ausgesprochen wird, erheben sich die Gläubigen von ihren Sitzen, um ihn zu begrüßen und ihre Ehrerbietung zu bezeugen.

Raúl Castro zieht sich zurück

Mit der Wahl eines neuen Präsidenten wird der bereits vor längerer Zeit begonnene Generationenwechsel am 18./19. April 2018 für die Weltöffentlichkeit sichtbar. Auch dieses Datum hat Symbolcharakter. Am 19. April 1961 hatten Revolutionäre Streitkräfte, Milizen und Bevölkerung die Invasionstruppe der CIA-Söldner in der Schweinebucht vernichtend geschlagen. Wie seit 2013 mehrfach angekündigt, hat Raúl Castro nach zwei Amtszeiten nicht erneut für diese Position kandidiert. Als Nachfolger steht mit seinem bisherigem Ersten Stellvertreter, dem ehemaligen Bildungsminister Miguel Díaz-Canel zum ersten Mal seit 1959 ein Mann an der Spitze von Staat und Regierung, der nicht zur Generation der Guerilleros aus der Sierra Maestra gehört. Der 57-jährige Elektronikingenieur und Oberstleutnant der Revolutionären Streitkräfte Díaz-Canel genießt in Kuba hohes Ansehen und steht sowohl für eine Modernisierung des Landes als auch für die Fortsetzung des sozialistischen Gesellschaftsmodells. Bei einem Durchschnittsalter der Abgeordneten von 49 Jahren setzt sich der Verjüngungsprozess bei den im März 2018 beendeten Parlamentswahlen auch in der Nationalversammlung, der »Asamblea Nacional«, fort.[72] Außerdem sind 53,2 Prozent der Parlamentarier Frauen, womit Kuba (nach Ruanda) weltweit an zweiter Stelle liegt.[73] Ob und wie der Generationenwechsel die weitere Entwicklung Kubas und des Kontinents verändern wird, ist eine der spannenden Fragen zur Zukunft des revolutionären Prozesses in Kuba.

Säulen der Außenpolitik

Havannas Außenpolitik kann sich in den nächsten Jahren aller Voraussicht nach vor allem auf drei Säulen stützen. Die erste besteht aus den gefestigten Beziehungen zu den progressiven, aber auch zu den meisten anderen Regierungen der Region. Die gewalttätigen Angriffe von Anhängern der rechten Opposition gegen fortschrittliche Regierungen und die mit Hilfe der USA organisierten Staatsstreiche und Putschversuche dürften den Einfluss Kubas auf mittlere Sicht eher stärken. Schließlich liefert die sozialistische Insel täglich den Beweis dafür, dass die Interessen der Mehrheit der einfachen Menschen nur dann konsequent zur Richtschnur der Politik werden können, wenn die Eigentumsfrage eindeutig geklärt wird. Dennoch führen die Versuche zur Destabilisierung Venezuelas, Boliviens, Nicaraguas und Ecuadors sowie der Rechtsrutsch in Argentinien, Brasilien,

---

72 Parlamentssitze der Gerechtigkeit, de.granma.cu, 15.3.2018

73 Zum Vergleich: In der Schweiz liegt der weibliche Anteil zum selben Zeitpunkt bei 43,6 Prozent und sogar skandinavische Länder bringen es nur auf 42 Prozent (Finnland) oder 41,4 Prozent (Norwegen). Im deutschen Bundestag sank der Anteil der weiblichen Abgeordneten 2018 sogar von zuvor 37 auf gerade noch 31 Prozent, obwohl Frauen in der Bevölkerung mit rund einer Million in der Überzahl sind.

Chile und anderen Ländern natürlich auch zu einer Schwächung Kubas und sind für Havanna durchaus bedrohlich.

Die zweite Säule der Außenpolitik ist das Verhältnis zu Partnern außerhalb Lateinamerikas, die unabhängig von ihrem jeweiligen Gesellschaftssystem wie Kuba das Modell einer multipolaren Welt favorisieren und ihre Interessen in den jeweiligen Regionen in Form von gleichberechtigten Kooperationen zum gegenseitigen Vorteil wahrnehmen. Die traditionell guten Verbindungen zu China und Vietnam, die erneuerten Kontakte zu Russland und die freundschaftlichen Beziehungen zu vielen afrikanischen Staaten sind dafür Beispiele. Das zunehmende Engagement Russlands und Chinas stärkt auch Kuba, das die Beziehungen zu diesen Ländern systematisch ausbaut und von Schuldenerlassen, großzügigen Krediten, gemeinsamen Forschungsprojekten und dem Ausbau der Handelsbeziehungen profitiert.

Gestützt auf diese beiden Säulen der Außenpolitik ist Havanna auch an der Verbesserung seiner Beziehungen zu Staaten interessiert, die dem sozialistischen Land kritisch gegenüberstehen. Dazu gehört vor allem die Normalisierung des Verhältnisses zur EU, zu Japan und zu Südkorea. Nachdem das »Abkommen über politischen Dialog und Zusammenarbeit« zwischen der EU und Kuba nach zweijährigen Verhandlungen im November 2017 in Kraft getreten ist, kündigt EU-Außenbeauftragte Federica Mogherini Anfang Januar 2018 in Havanna den Ausbau der Beziehungen an. Zugleich kritisiert die europäische Chefdiplomatin den von Donald Trump eingeleiteten Kurswechsel der US-Regierung. »Manche wollen Kuba isolieren. Wir Europäer wollen – im Gegenteil dazu – zeigen, dass wir näher denn je bei euch sind«, sagt sie. Mogherini verurteilt die US-Blockade gegen die Karibikinsel. »Im Gegensatz zu jenen, die Mauern bauen und Türen schließen, wollen wir Europäer über Kooperation und Dialog Brücken bauen und Pforten öffnen«, erklärt sie.

Diversifizierung der Außenwirtschaftsbeziehungen
Von den außenpolitischen Faktoren hängt es auch ab, in welchem Tempo die weitere Umsetzung der ambitionierten wirtschaftspolitischen Ziele gelingt. So dürften die angestrebten Wachstumsraten des BIP von bis zu sieben Prozent (vgl. Kapitel 8) erst nach einer Beendigung der von den USA noch immer aufrechterhaltenen Wirtschaftsblockade erreicht werden können. Die Aufgabe der Blockade und ihrer exterritorialen Anwendung gilt als entscheidende Voraussetzung für die erfolgreiche Akquisition der für die Modernisierung der Industrie, der Infrastruktur, der Immobilien, des Transport- und des Kommunikationssektors erforderlichen Investitionssummen.

Im Jahr 2017 wird China mit 23 Prozent der Einfuhren zum Hauptlieferland für kubanische Importe. Kooperationsabkommen werden unter anderem in den Bereichen Wirtschaft, Technologie, Pharmazie, Tourismus, Finanzen und erneuerbare Energien vereinbart. Der Hafen von Santiago de Cuba wird mit Hilfe chinesischer Investoren und Fachleute unter Hochdruck zum zweitgrößten Lösch- und Umschlagplatz der Insel ausgebaut. Dazu gehören ein modernes Containerterminal mit Lagerhäusern und Schienenanbindung. Die kurzen Transportwege sollen die Versorgung der Bevölkerung im Osten der Insel künftig deutlich verbessern.

Auch die strategische Partnerschaft mit Russland nimmt weiter an Bedeutung zu. Im gleichen Maße, wie die US-Regierung die Beziehungen zu Kuba reduziert, setzen russische Unternehmen auf eine Renaissance der ehemals guten Wirtschaftskontakte und planen Milliardenprojekte in Kuba. Bis Ende 2017 erreicht der bilaterale Handel zwischen beiden Ländern bereits rund 400 Millionen US-Dollar. Seitdem die Öllieferungen aus Venezuela zurückgehen, liefert Russlands staatseigener Ölkonzern Rosneft verstärkt Treibstoff auf die Karibikinsel. Rosneft kündigte zudem Pläne zur Modernisierung der Ölraffinerie Cienfuegos an. Die russische Eisenbahngesellschaft RZD ist in

Gesprächen, um das Eisenbahnnetz von mehr als tausend Kilometern zu modernisieren. Das Unternehmen plant außerdem den Bau einer Hochgeschwindigkeitstrasse zwischen Havanna und dem Badeort Varadero.

Nach den verheerenden Erfahrungen mit den einseitigen ökonomischen Abhängigkeiten von den USA und später von der Sowjetunion und vom sozialistischen Lager sind die kubanischen Ökonomen an einer Streuung der wirtschaftlichen Risiken interessiert. Unternehmen in EU-Ländern wie Spanien, Frankreich, Italien und vor allem der Bundesrepublik stehen auf der Liste der Wunschpartner ganz oben. Das sich wandelnde Kuba stößt auch dort auf zunehmendes Interesse. Veränderungen, das haben die Verantwortlichen in Havanna jedoch wiederholt deutlich gemacht, werden nicht in der von den neoliberalen Strategen gewünschten Richtung erfolgen. Bildung, Gesundheitswesen, Wohnungsmarkt, Industriebetriebe, Energieversorgung und Medien sollen auch künftig nicht in Spekulationsmasse verwandelt werden.

Chancen und Risiken

Die notwendige Freigabe des Devisenbesitzes im Juli 1993 (vgl. Kapitel 8) war der Sündenfall für das egalitäre Modell in Kuba. Mittlerweile haben die Überweisungen von Familienangehörigen aus dem Ausland und die zunehmenden Verdienstmöglichkeiten für die privaten Dienstleister und Kleinunternehmer die früher geringe soziale Ungleichheit in der kubanischen Bevölkerung verstärkt. Gleichzeitig steigende Preise nicht nur für »Luxusgüter«, sondern auch für Lebensmittel und die im Verhältnis dazu nicht adäquat steigenden Löhne lassen Frust und Befürchtungen aufkommen, dass der »Aktualisierungsprozess« die gesellschaftlichen Unterschiede verstärkt. Zu »Verlierern« drohen vor allem Menschen mit keiner oder abgebrochener Ausbildung, Afrokubaner, alleinerziehende Frauen und ältere Leute zu werden. Zwar hat Raúl Castro bereits 2013 die früher praktizierte »Gleichmacherei« als Irrtum kritisiert, doch soziale Gerechtigkeit ist nach wie vor ein vorrangiges Ziel der kubanischen Politik, die einen »wohlhabenden und nachhaltigen Sozialismus« für alle anstrebt. »Sollte es der kubanischen Regierung nicht gelingen, durch effektive Steuer- und Sozialpolitik eine gerechte Umverteilung zu erreichen, könnte dies die Legitimationsgrundlage des sozialistischen Modells erschüttern«, fürchtet die deutsch-kubanische Politikwissenschaftlerin Jenny Morín Nenoff (Leo Grande / Morín Nenoff, Wenn Schweine fliegen, S. 13). Ein Problem, das in Kuba erkannt, diskutiert und ernst genommen wird. Der Erhalt von Chancengleichheit, sozialer Gerechtigkeit und der Revolution als der von Fidel Castro 1961 definierten »sozialistischen und demokratischen Revolution der einfachen Leute, von den einfachen Leuten und für die einfachen Leute« gilt als eine der größten gesellschafts- und innenpolitischen Herausforderungen der nächsten Jahre. Es geht dabei auch um die mit dieser Revolution gewonnene Würde des kubanischen Volkes. Die Schlüsselfragen für die Zukunft des Landes hat der frühere Präsident Raúl Castro in einem Satz zusammengefasst: »Wenn wir die Revolution verlieren, verlieren wir die Unabhängigkeit.«

Literaturverzeichnis

Barnet, Miguel: Der Cimarrón, Frankfurt am Main 1999

Betto, Frei: Nachtgespräche mit Fidel, Union Verlag Berlin, Berlin 1987

Boron, Atilio A.: América Latina en la Geopolítica Imperial, La Habana 2014

Calloni, Stella: Operation Condor. Lateinamerika im Griff der Todesschwadronen, Frankfurt am Main 2010

Calvo Ospina, Hernando: Im Zeichen der Fledermaus, Köln 2006

Calvo Ospina, Hernando / Declerq, Katlijn: Originalton Miami, Köln 2001

Cantón Navarro, José C. / Silva León, Arnaldo: Historia de Cuba 1959–1999, La Habana 2009

Castro, Fidel / Ramonet, Ignacio: Fidel Castro. Mein Leben, Berlin 2008

Castro, Fidel: Ausgewählte Reden, Berlin 1976

Castro, Fidel: Die Geschichte wird mich freisprechen, Berlin 2009

Castro, Fidel: Die ökonomische und soziale Krise in der Welt, Dresden 1983

Castro, Fidel: Der strategische Sieg, Berlin 2012

Castro, Fidel: Fanal Kuba, Berlin 1963

Castro, Fidel: Unsere Stärke liegt in der Einheit, Berlin 1973

Centro de Estudios Matianos (Hg.): José Martí y el equilibro del mundo, La Habana 2011

Cervantes Saaverdra, Miguel de: Don Quijote von der Mancha, München 2016

Chomsky, Aviva: Eine Geschichte der Kubanischen Revolution, Münster 2016

Coltman, Leycester: Der wahre Fidel Castro, Düsseldorf/Zürich 2005

Demuynck, Katrien / Vandepitte, Marc: Der Faktor Fidel, Frankfurt am Main 2011

Eichner, Klaus: Operation Condor. Eine Internationale des Terrors, Berlin 2009

Enzensberger, Hans Magnus: Das Verhör von Havanna, Frankfurt am Main 1970

Ette, Ottmar / Franzbach, Martin: Kuba heute. Politik, Wirtschaft, Kultur, Frankfurt am Main 2001

Fausten, Renate / Fausten, Ulrich: Helden der freien Welt. Dissidenten in Kuba, Köln 2007

Fürntratt-Kloep, Ernst F.: Unsere Herren seid Ihr nicht! Das politische Denken des Fidel Castro, 3. Auflage, Köln 2007

Fuson, Robert H. (Hg.): Das Logbuch des Christoph Kolumbus, Bergisch Gladbach 1989
Galeano, Eduardo: Die offenen Adern Lateinamerikas. Die Geschichte eines Kontinents, 2. Auflage, Wuppertal 1981
Gewecke, Frauke: Die Karibik. Zur Geschichte, Politik und Kultur einer Region, Frankfurt am Main 1988
Golinger, Eva: Kreuzzug gegen Venezuela – Der Chávez Code, Frankfurt am Mai 2006
Greiner, Bernd: Die Kuba-Krise. Die Welt an der Schwelle zum Atomkrieg, München 2010
Guevara, Ernesto Che: Bolivianisches Tagebuch (Vorwort von Fidel Castro), München 1968
Guevara, Ernesto Che: Episoden aus dem Revolutionskrieg, Leipzig 1987
Guevara, Ernesto Che: Kubanisches Tagebuch (Vorwort von Aleida Guevara), 2. Auflage, Köln 2011
Guevara, Ernesto Che / Castro, Raúl: Die Eroberung der Hoffnung, Bad Honnef 1997
Grau, Günter: Havanna. Reiseführer durch Geschichte und Gegenwart, Leipzig 1985
Grinewitsch, Emilia: Kubas Weg zur Revolution, Berlin 1978
Harnecker, Marta: From Moncada to Victory – Fidel Castros Political Strategy, New York 1987
Hart, Armando: Die Spielregeln ändern – Kulturpolitik im Sozialismus, Köln 1987
Hensel, Silke / Potthast, Barbara: Das Lateinamerika-Lexikon, Wuppertal 2013
Hermsdorf, Volker / Modrow, Hans: Amboss oder Hammer. Gespräche über Kuba, Berlin/Böklund 2015
Hermsdorf, Volker: Havanna. Kultur – Politik – Wirtschaft, Dähre 2015
Hermsdorf, Volker: Kuba – Aufbruch oder Abbruch, Gespräche mit Hans Modrow, Fritz Streletz, Klaus Eichner, Berlin/Böklund 2016
Hermsdorf, Volker: Raúl Castro – Revolutionär und Staatsmann, Berlin/Böklund 2016
Hermsdorf / Klattenhoff / Kreymann / Salin (Hg.): Kuba im Wandel – 16 Erfahrungsberichte, Berlin/Böklund 2017
Huhn, Klaus: Massenmord am karibischen Himmel, Böklund 2008
Huhn, Klaus: Waterloo in der Schweinebucht, Berlin 2011
Landefeld, Beate: Revolution, Köln 2017
Langer, Heinz: Kuba. Die lebendige Revolution, Böklund 2007
Langer, Heinz: Zärtlichkeit der Völker. Die DDR und Kuba, Berlin 2010
Langer, Heinz: Mit Bedacht, aber ohne Pause. Zur Entwicklung in Kuba, Berlin 2011
Las Casas, Bartolomé de: Kurzgefasster Bericht von der Verwüstung der Westindischen Inseln, Frankfurt am Main 1981

Lenin, W. I.: Der Imperialismus als höchstes Stadium des Kapitalismus, In: Ausgewählte Werke Bd. 1, Berlin 1967
LeoGrande, William M. / Kornbluh, Peter: Back Channel to Cuba. The Hidden History of Negotiations between Washington and Havana, Chapel Hill (North Carolina), 2014
LeoGrande, William M. / Morín Nenoff, Jenny: Wenn Schweine fliegen. Ein neuer Kurs für die US-kubanischen Beziehungen, Mexico / New York 2015
Martí, José: Das goldene Alter, Berlin 2013
Martí, José: Mit Feder und Machete. Gedichte – Prosaschriften – Tagebuchaufzeichnungen, Berlin 1986
Masetti, Jorge Ricardo: Fidel Castro – Wie ich ihn erlebte, Frankfurt am Main 2018
mediCuba-Suisse (Hg.): Kuba macht es vor – Solidarisch für das Recht auf Gesundheit weltweit, Zürich 2017
Merle, Robert: Moncada. Fidel Castros erste Schlacht, Berlin/Weimar 1983
Modrow, Hans / Schulz, Dietmar (Hg.): Lateinamerika, eine neue Ära?, Berlin 2008
Niese, Steffen: Die deutsche Kuba-Politik seit 1990. Bilanz und Perspektiven, Köln 2010
Nohlen, Dieter / Nuscheler, Franz (Hg.): Handbuch der Dritten Welt, Bd. 3, Mittelamerika und Karibik, Bonn 1995
Núñez Jiménez, Antonio: Der Weg Kubas, Berlin 1964
Núñez Jiménez, Antonio: Die Bodenreform auf Kuba, Berlin 1961
Núñez Jiménez, Antonio: Unterwegs mit Fidel, Berlin 1986
Panitz, Eberhard: Comandante Che. Biographische Skizze, Böklund 2007
Rinke, Stefan: Geschichte Lateinamerikas. Von den frühesten Kulturen bis zur Gegenwart, 2. Auflage, München 2014
Sánchez Espinosa, Iroel: Sospechas y disidencias, La Habana 2012
Schäfer, Horst: Im Fadenkreuz: Kuba, Berlin 2004
Schnelle, Kurt: José Martí. Apostel des freien Amerika, Köln 1981
Sharp, Gene: Von der Diktatur zur Demokratie. Ein Leitfaden für die Befreiung (Das Lehrbuch zum gewaltlosen Sturz von Diktaturen), 3. Auflage, München 2011
Scheer, André: Venezuela – Reportagen aus der Revolution, Berlin und Böklund 2013
Suárez Salazar, Luis: Die Revolutionsstrategie des Che, Frankfurt am Main 2009
Zeuske, Michael: Die Geschichte der Amistad, Stuttgart 2012
Zeuske, Michael: Kleine Geschichte Kubas, 3. Auflage, München 2007
Zeuske, Michael: Kuba im 21. Jahrhundert. Revolution und Reform auf der Insel der Extreme, Berlin 2012